魔术画家
毕加索

李丹丹◎编著

辽海出版社

图书在版编目(CIP)数据

魔术画家毕加索 / 李丹丹编著. —沈阳：辽海出版社，2017.6
ISBN 978－7－5451－4165－8

Ⅰ.①魔… Ⅱ.①李… Ⅲ.①毕加索(Picasso, Pablo Ruiz 1881－1973)－传记 Ⅳ.①K835.515.72

中国版本图书馆 CIP 数据核字(2017)第 136815 号

责任编辑：孙德军　丁　雁
封面设计：李　奎

出版者：辽海出版社
地　　址：沈阳市和平区十一纬路 25 号
邮　编：110003
电　话：024-23284381
E-mail：dszbs@mail.lnpgc.com.cn
http://www.lhph.com.cn
印刷者：北京一鑫印务有限责任公司
发行者：辽海出版社

幅面尺寸：155mm×220mm
印　　张：14
字　　数：218 千字

出版时间：2017 年 7 月第 1 版
印刷时间：2017 年 8 月第 1 次印刷
定　　价：29.80 元

《世界名人传记文库》编委会

主　编	游　峰	姜忠喆	蔡　励	竭宝峰	陈　宁	崔庆鹤
副主编	闫佰新	季立政	单成繁	焦明宇	李　鸿	杜婧舟
编　委	蒋益华	刘利波	宋庆松	许礼厚	匡章武	高　原
	袁伟东	夏宇波	朱　健	曹小平	黄思尧	李成伟
	魏　杰	冯　林	王胜利	兰　天	王自和	王　珑
	谭　松	马云展	韩天骄	王志强	王子霖	毕建坤
	韩　刚	刘　舫	宫晓东	陈　枫	华玉柱	崔　武
	王世清	赵国彬	陈　浩	芝　鼐	姜钰茜	全崇聚
	李　侠	宋长津	汪　裴	张家瑞	李　娟	拉巴平措
	宋连鸿	王国成	刘洪涛	安维军	孙成芳	王　震
	唐　飞	李　雪	周丹蕾	郭　明	王毓刚	卢　瑶
	宋　垣	杨　坤	赖晖林	刘小慈	张家瑞	韩　兆
	陈晓辉	鲍　慧	魏　强	付　丽	尹　丛	徐　聪
	王勇刚	傅思国	韩军征	张　铧	张兴亚	周新全
	吴建荣	张　勇	李沁奇	姜秀云	姜德山	姜云超
	姜　忠	姜商波	姜维才	姜耀东	朱明刚	刘绪利

	冯　鹤	冯致远	胡元斌	王金锋	李丹丹	李姗姗
	李　奎	李　勇	方士华	方士娟	刘干才	魏光朴
	曾　朝	叶浦芳	马　蓓	杨玲玲	吴静娜	边艳艳
	德海燕	高凤东	马　良	文　夫	华　斌	梅昌娅
	朱志钢	刘文英	肖云太	谢登华	文海模	文杰林
	王　龙	王明哲	王海林	台运真	李正平	江　鹏
	郭艳红	高立来	冯化志	冯化太	危金发	仇　双
	周建强	陈丽华	叶乃章	何水明	廖新亮	孙常福
	李丽红	尹丽华	刘　军	熊　伟	张胜利	周宝良
	高延峰	杨新誉	张　林	魏　威	王　嘉	陈　明
总编辑	马康强	张广玲	刘　斌	周兴艳	段欣宇	张兰爽

总　序

　　我们每个人心中都有自己崇拜的名人。这样可以增强我们的自信心和自我认同感,有益于人格的健康发展。名人活在我们的心里,尽管他们生活在不同的时代、不同的国度、说着不同的语言,却伴随着我们的精神世界,遥远而又亲近。

　　名人是充满力量的榜样,特别是当我们平庸或颓废时,他们的言行就像一触即发的火药,每一次炸响都会让我们卑微的灵魂在粉碎中重生。

　　名人带给我们更多的是狂喜。当我们迷惘或无助时,他们的高贵品格就如同飘动在高处的旗帜,每次招展都会令我们幡然醒悟,从而畅快淋漓地感受生命的真谛。只要我们把他们视为精神引领者和行为楷模,就会不由自主地追随他们,并深刻感受到精神的强烈震撼。

　　当我们用最诚挚的心灵和热情追随名人的足迹,就是选择了一个自我提升的最佳途径,并将提升的空间拓展开来。追随意味着发现,发现名人的博大精深,发现时代赋予我们的使命,发现最真实的自我;追随意味着提升,置身于名人精神的荫蔽之下,我们就像藤蔓一般沿着名人硕大粗壮的树干攀援上升,这将极大地缩短我们在黑暗中探索的时间,从而踏上光明的坦途。

不要说这是个崇尚独立思考的年代,如果我们缺乏敬畏精神,那么只能让个性与自由的理念艰难地生长;不要说这是个无法造就伟人的年代,生命价值并不在于平凡或伟大。如果在名人的引领下,读懂平凡世界中属于自己的那本书,就能够成为最好的自己。

名人从芸芸众生中脱颖而出,自有许多特别之处。我们追溯名人成长的历程,虽然每位人物的成长背景都各不相同,但或多或少都具有影响他们人生的重要事件,成为他们人生发展的重要契机,并获得人生的成功。

名人有成功的契机,但他们并非完全靠幸运和机会。机遇只给有准备的人,这是永远的真理。因此,我们不要抱怨没有幸运和机遇,不要怨天尤人,我们要做好思想准备,开始人生的真正行动。这样,才会获得人生的灵感和成功的契机。

我们说的名人当然是指对世界和人类做出突出贡献的伟大人物,他们包括著名的政治家、军事家、发明家、文学家、艺术家、思想家、哲学家、企业家等。滚滚历史长河,阵阵涛声如号,是他们,屹立潮头,掀起时代前进的浪花,浓墨重彩地描绘着人类的文明和无限的未来,不断开创着辉煌的新境界和新梦想,带领我们走向美好的明天。

政治家是指那些在长期政治实践中涌现出来的具有一定政治远见和政治才干、掌握权力,并对社会发展起着重大影响作用的领导人物。军事家是指对军事活动实施正确指引或是擅长具体负责军事行动实施的人,一般包括战略军事家和战术军事家。

政治家、军事家大多充满了文韬武略,能够运筹帷幄,曾经叱咤风云,纵横天地,创造着世界,书写着历史,不断谱写着人类的辉煌篇章,为人们留下了许多宝贵的精神财富和物质财富。

科学发明家是指专门从事科学研究和发明,并做出了杰出贡献的人士。他们从事着探索未知、发现真相、追求真理、改造世界和造福人类的大学问。他们都有献身、求实、严谨和持之以恒的精神，都具有一颗好奇心。从好奇心出发，他们希望探知事物规律，具有希望看到事物本质一面的强烈意识与探索激情。还有就是他们都有恒心，他们在科学研究中不断努力，努力，再努力，锲而不舍，具有永不止步的追求精神。

文学家是指以创作文学作品为自己主要工作的知名人士和学者等。其中，诗人是指诗歌的创作者，小说家指小说创作者，散文家指散文创作者，而文学家则是指在诗歌、小说、散文、戏剧等各种文学体裁领域均取得一定成就的创作者，他们是人类精神财富的创造者。

艺术家是指具有较高审美能力和娴熟创作技巧并从事艺术创作劳动而具有一定成就的艺术工作者。进行艺术作品创作活动的人士，通常指在绘画、表演、雕塑、音乐、书法及舞蹈等艺术领域具有比较高的成就，并具有了一定美学造诣的人。他们是生活中美的发现者和创造者，极大地丰富着我们的生活。

哲学家、思想家是指对客观现实的认识具有独创见解并能自成体系的人士。思想主要是用言语和符号来表达的，而致力于研究思想并且形成思想体系的人就是哲学家、思想家。他们用独到的思想解决生活中遇到的问题，且在此过程中逐渐认识自我与宇宙，以此解决人们思想认识上矛盾迷惑的问题。他们是我们人类灵魂的工程师，塑造着我们的人格，探讨所有人类重要的问题和观念，并创造出一种思考和思想的能力，闪烁着智慧的光芒，照耀着人类前进的步伐，推动着人类思想和精神不断升华，使人类不断摆脱低级状态，不断走向更高境界。人是有思想和精神的高级动物，因此，哲学家和思想家是人类不可或缺的，是我们人类的伟大导师。

企业管理家是最直接创造财富的人。他们创造物质财富,推动社会不断进步,使得人们更加幸福。财富虽然只是一个象征,但它与人们的生活、国家的发展、民族的强盛等息息相关。企业家也创造巨大的精神财富,他们在追求财富过程中所表现出来的创新、冒险、合作、敬业、学习、执著、诚信和服务等精神,是我们每一个人学习的榜样。

我们追踪这些名人成长发展过程中的主要事件,就会发现他们在做好准备进行人生不懈追求的进程中,能够从日常司空见惯的普通小事上,碰撞出思想的火花,化渺小为伟大,化平凡为神奇,从而获得灵感和启发,获得伟大的精神力量,并进行持久的人生追求,去争取获得巨大的成功。

影响名人成长的事件虽然不一样,但他们在一生之中所表现出来的辛勤奋斗和顽强拼搏的精神,则大同小异。正如爱迪生所说:"伟大人物最明显的标志,就是他们拥有坚强的意志,不管环境怎样变化,他们的初衷与希望永远不会有丝毫的改变,他们永远会克服一切障碍,达到他们期望的目的。"

爱默生说:"所有伟大人物都是从艰苦中脱颖而出的。"因此,伟大人物的成长也具有其平凡性。正如日本著名歌人吉田兼好所说:"天下所有伟大人物,起初都是很幼稚且有严重缺点的,但他们遵守规则,重视规律,不自以为是,因此才成为名家并进而获得人们的崇敬。"所以,名人成长也具有其非凡之处,这才是我们应该学习的地方。

英国著名哲学家培根说:"用伟大人物的事迹激励青少年,远胜于一切教育。"为此,本套作品荟萃了古今中外各行各业最具有代表性的名人,阅读这些名人的成长故事,探知他们的人生追求,感悟他们的思想力量,会使我们从中受到启迪和教育,让我们更好地把握人生的关键,让我们的人生更加精彩,生命更有意义。

简　介

巴勃罗·鲁伊斯·毕加索（Pablo Ruiz Picasso，1881~1973），他拓展了视觉艺术的领域，被称为西方立体主义画派的创始人。

毕加索出生在西班牙南部的小城马拉加，从小就表现出非凡的艺术才能。他父亲是当地工艺学校的美术教师，对毕加索的艺术启蒙产生了很大的影响。

毕加索不断探索世界各地区和各民族的艺术形式，他从非洲人的面具中得到启发，把非洲人狂野、夸张和基调压抑的艺术形式运用于自己的作品中。

1914年，战争使立体主义画家分道扬镳。毕加索重拾自由与个人在色彩上的创作风格。无论从风格与绘画的对象上，他的"立体印象派"创作变得更加自由和鲜明。

毕加索一生中画法和风格几经变化。也许是对人世无常的敏感与早熟，再加上生活窘迫，毕加索早期的作品风格充满了忧郁。早期画作近似表现派，后期画作则注重于原始艺术，简化形象。

1973年4月8日，毕加索在法国去世，享年92岁。

毕加索是一位多产画家，他的作品总计37000多件，其中包括油画、素描、版画和平版画等。

毕加索的一生极其辉煌,他是有史以来第一个活着亲眼看到自己的作品被收藏进罗浮宫的画家。在1999年12月法国一家报纸进行的一次民意调查中,他当选为20世纪最伟大的10位画家之首。

当毕加索介绍自己的作品时说:"我的每一幅画中都装有我的血,这就是我画作的含义。"

全世界前10名最高拍卖价的画作里面,毕加索的作品就占了4幅。他是20世纪现代艺术的主要代表人物之一。

毕加索毕生致力于绘画改革,利用西方现代心理学、哲学、自然科学的成果,广泛吸收民族民间艺术的营养,创造出了很有表现感的艺术作品。

他的私人收藏,包括他自己及朋友的作品,都已捐赠给了法国政府。巴黎建有毕加索博物馆。

毕加索是个一生不断变化艺术表现手法的探求者,印象派、后期印象派、野兽派的艺术手法都被他汲取改造为自己的风格。他的才能在于,他的各种变化的风格中,都保持自己粗犷刚劲的个性,而且在各种手法的使用中,都能达到内部的和谐与统一。

毕加索和他的画在世界艺术史上占据了不朽的地位,他是当代西方最有创造性和影响最深远的艺术家。

目　录

天才的诞生	001
父亲的影响	005
艺术的启蒙	010
从小挚爱作画	013
离开了家乡	017
开始正规学习绘画	022
在艺术学院上学	028
作品获得奖励	031
热爱自然的生活	035
参加文化俱乐部	041
为艺术奔赴巴黎	047
在巴黎举行画展	055
贫困潦倒的生活	062
困难中坚持作画	068
粉红色时期的创作	076
不断地探索创新	086
开创了立体画派	096
推动立体画的发展	108

开始接触舞台设计 …………… 116
古典主义画的创作 …………… 125
超现实主义作品 ……………… 136
《格尔尼卡》的创作 …………… 144
支持反法西斯斗争 …………… 156
战争中坚持创作 ……………… 160
加入法国共产党 ……………… 170
为和平运动努力 ……………… 178
对艺术不懈的追求 …………… 187
艺术家的电影情结 …………… 192
对中国绘画的热爱 …………… 199
灿烂辉煌的晚年 ……………… 205
附：年　谱 …………………… 210

天才的诞生

在西班牙南部有一个港口城市被称作马拉加,它的港口规模仅次于巴塞罗那的。马拉加是一个典型的地中海城市。

与后来的繁荣相比,1881年的马拉加属于另一个截然不同的世界。马拉加仍然依赖着人工装卸货船,当地人以织棉、制糖、炼铁、生产葡萄酒以及种植杏仁、葡萄和其他种种水果作为主要谋生手段。

马拉加城有12万居民,当时这么多人口聚在这个小地方,再加上排水系统不完善和供水不足,使这座城市显得混乱不堪。这里有20多所教堂,4个修道院,可容纳上万人观看的斗牛场,尚未完成的大天主教堂,建在旧日摩尔人兵工厂内的巨大市场,还有许多的剧院。这是一座典型的西班牙城市,有着悠久的历史传统和强烈的民族意识。

这里还拥有整个欧洲最宜人的气候。不过在那个年代,到西班牙旅行的人还很罕见,所以不曾有外来的游客享受到这样明媚的阳光、醉人的空气和暖洋洋的海水。毕加索的父亲荷塞·鲁伊斯·布拉斯科又高又瘦，有一头红色的头发，仿佛火焰一般，这与他易动感情而又异常缄默的性格十分相似。母亲玛丽亚·毕加索·洛佩斯身材娇小，乌黑的眼睛闪动着，显示出女性特有的聪明伶俐。

颇有艺术修养的荷塞是家里第九个儿子，一心想当个出色的画家，因而两耳不闻窗外事，被称为"不中用的人"。

抚养家中老小的重担落在荷塞哥哥巴勃罗一人肩上。巴勃罗是马拉加大教堂的牧师，他忠厚、慷慨，是家族中仅有同意荷塞画画的人。荷塞也正是因为他的资助才得以成为一个很不错的画家。

荷塞在年轻时候，曾在城里艺术学校担任教师，并且是地方博物馆馆长。他在博物馆的工作，主要是修补一些毁损了的图画，拥有极其精巧的艺匠手法的他十分适合这份差事。此外他也自己画一些画。

荷塞有一份数目虽小却稳定的收入，而且每卖出一幅画还可多得一笔生活费用。另外他还喜欢看斗牛，这种活动在他所住的地方比世界上其他任何地方都精彩。他有许多放荡不羁的朋友，其中有一些是画家。总而言之，年轻的时候他度过了一生中最惬意的时光。

荷塞到了40岁时，家人就逼着他结婚了，主要的原因是他的兄弟姐妹中还没有人生过儿子。荷塞本人对结婚并不热心，但在1878年还是顺从家人的心愿和玛丽亚成了婚。

关于荷塞的婚事，还有一段趣事。当时，荷塞小有名气后，他的姊妹为他物色对象。他见了那个姑娘，说很中意，却不表示结婚。一家人都替他着急，骂他是个怪物。等大家急透了，怨够了，他突然决定结婚，可对象却不是那个姑娘，而是那个姑娘的表妹玛丽亚·毕加索·洛佩斯，她当初陪表姐来相亲，不料荷塞看中的却是她。

事情真不巧，荷塞还来不及大喜，就先遇上了大悲。哥哥巴勃罗病逝了！这事对荷塞打击极大，以致他把婚期推迟了两年。所以，当儿子毕加索出世后，他怀着感激和补偿的心情，为孩子取名巴勃罗。

荷塞在墨塞德的帕拉萨租了一间寓所，从此，他要负责全家人，包括一个妻子、两个未出嫁的姐妹、一位岳母的生活。

马拉加是一个美丽的海滨城市。碧蓝的天空，火红的太阳，深色的棕榈，浅色的沙滩，给这座西班牙南端的小城平添了一种既热烈又安宁的气氛。这一天，当夕阳拖着它那金红色的霞辉静悄悄地隐没，温暖的暮色自四面浸润而来，小城似乎进入了宁馨的梦乡时，一位年轻的妇人——玛丽亚·毕加索，正躺在松软舒适的床上，轻轻地呻吟着。对即将来临的一切，她既恐惧又欣慰。慢慢地，腹中的婴儿开始了脱胎前的挣扎。灯光摇曳，人影晃动，一阵忙乱之后，小天使出世了。

玛丽亚·毕加索的脸上绽露出圣母般的微笑。而在这个时候，作为孩子父亲的荷塞·鲁伊斯·布拉斯科却不知什么原因外出未归。他的弟弟、一位富有经验的医生萨尔瓦·鲁伊斯·布拉斯科几乎寻遍了整座小城，也一无所获。

夜深了，萨尔瓦只好赶回哥哥家，他一进门，接生婆就哭丧着脸告诉他，是一个死胎。他大惊失色，奔到桌边，捧着那血糊糊的一团嘶哑地说："不可能！"

幸亏萨尔瓦有经验，他急中生智，贴近婴孩鼻孔，喷出一口雪茄烟。这强烈的刺激竟使婴孩奇迹般地从死亡边缘苏醒过来。他张大嘴,涨红着脸,"哇哇"地哭喊起来,人们在惊讶之余,都松了一口气。

难能可贵的是,这是他们11个兄弟姐妹中生的第一个男孩啊!几天后,按照老规矩,这个婴儿被带到教堂洗礼。就在这一天,这个孩子有了自己的姓名。这个依照西班牙人的传统组合起来的名字,包括了祖父、伯父、父亲、教父、教母的姓氏与名字,联结起来有长长的一大串。

不久,孩子的父亲发现自己的姓氏——鲁伊斯在西班牙太普通了,于是又在这个名字的后面加上了母亲的姓氏——毕加索。从此,这个孩子便被唤作巴勃罗·鲁伊斯·毕加索。这个名字随着它的主人一起成长,直到获得早期的声誉。后来,它又被简化为"巴勃罗·毕加索"。

父亲的影响

毕加索是父母爱情的结晶。他的出生给家庭带来了无限的喜悦和希望。

母亲玛丽亚常常夸耀自己有个极为漂亮的儿子，他有一双黑亮亮的大眼睛，红润润的圆脸庞。那双布满小窝、圆胖白嫩的小手，更是讨人喜欢。

他时而活泼好动，时而安稳沉静。他天生就有对绘画的喜好。毕加索的父亲荷塞更加欣喜，因为他发现毕加索继承了他的绘画才能。

小毕加索的爸爸荷塞先生每天除了给学生上课，就是在家里画画。每当这时，妈妈或姨妈都会抱着小毕加索在旁边看爸爸画画。

小毕加索总是用水灵灵的大眼睛望着爸爸，在他那纯真的心中，爸爸手中的铅笔简直太神奇了！

只要爸爸手一动，好像只是随便的几笔，一只鸽子就跃然纸上，或者是一只小猫，或者是一朵盛开的鲜花。这时，小毕加索就会高兴得又叫又跳，去抓爸爸手中的铅笔。

为了不让小毕加索影响爸爸作画，妈妈就把一支铅笔塞到小毕加索的手中，并告诉他"这是铅笔"。

小毕加索得到铅笔后，高兴得手舞足蹈，不断地重复着"铅笔，铅笔"。久而久之，小毕加索学会说的第一句话不是"爸爸"、"妈妈"，而是"铅笔"。

每当小毕加索哭闹的时候，妈妈就递给他一支铅笔，小毕加索马上就不闹了，拿起笔在纸上胡乱涂起来，并不断向人们显示着他的"作品"，如果得到爸爸妈妈的表扬，他就会高兴得大叫起来。

在毕加索尚未学会说话的时候，就已学会用绘画来表达自己的意愿了。他会画出螺旋状的物体，这对他来说是指叫作"乔罗斯"的食品，一种在西班牙各地热食摊上均有出售的油炸糖馅饼。这一能力不免使人啧啧称奇。

毕加索3岁，那年冬天的一个晚上，马拉加突然发生了强烈地震。荷塞带着怀孕的妻子逃到了画家德格兰的家里，玛丽亚在那里生下了毕加索的第一个妹妹洛拉，小毕加索给洛拉画了不少素描，她是毕加索学画初期最喜欢的模特儿。

在他们家附近，有一个宽敞的广场。广场的四周长满了枝叶繁茂的法国梧桐，广场的中心歇栖着成群的鸽子，家人常常带着小毕加索来这里玩耍。

大人指点着让他观看千姿百态的鸽子：有飞翔在空中的，有蹦蹦跳跳觅食的，还有扑扇着翅膀跃跃欲飞的……明丽的阳光，洒满了广场。毕加索努力睁着大眼睛好奇地看着这里的一切。在广场的另一隅，还有一个供孩子们玩耍的沙坑，这也是小毕加索常来的地方。他坐在细软的沙土上，用自己的小手指，在平平的沙面上画来画去，玩得特别的开心。

毕加索天资聪颖，并且具有超过同龄人的想象力。4岁时，他就会用纸剪出一些花草动物图案，借着光线把它们的影子投射到雪白的墙壁上，来回晃动着它们，像表演喜剧一样，给家人带来乐趣。

自从发现小毕加索对绘画有特殊的兴趣后，爸爸荷塞就开始有意识地培养和训练他了。

毕加索的父亲在博物馆内安置了一间画室，业余时间就在这里进行绘画创作或是修复一些展品。小毕加索刚刚学会走路，父亲便把他带到了这间画室。小毕加索很爱看父亲绘画，他用心记着父亲巧妙的创作方法。

小毕加索总是饶有兴致地观察画室里的一切，瞪着大眼睛东瞧瞧、西看看。五颜六色的油彩、长短不一的画笔、斑斑点点的调色板，还有那些画布、画框、画架，让他目不暇接、眼花缭乱。

在年幼的毕加索眼里，爸爸的手简直就是一只"魔手"，什么都能画出来。

有时候，毕加索的父亲作画的时候，并不太理会小毕加索，他会安静地瞪着眼睛看父亲作画，或者暗暗地模仿父亲作画时的姿态。在这种环境的熏陶下，他也拿起了画笔，铺上一张纸，坐在那里像模像样地画起了画。

小毕加索渐渐长大了，爸爸便制订了详细的教学计划，从绘画的基础知识讲起。爸爸先教小毕加索练习用铅笔画素描。小毕加索认真地模仿爸爸作画的姿态，每天一板一眼地学拿笔的姿势、线条的虚实、画面的透视原理和明暗等。

荷塞是个温文尔雅的男子。他高高的个子，瘦瘦的身材，浓密的连鬓胡衬托着高挺的鼻梁。在他那温柔的目光中，总是充满着慈祥的微笑。他偏爱画鸽子，常常很细致地画出鸽子身上的每一根羽毛。每次作画时，小毕加索就在一旁用心地看着。

父亲在描绘心爱的鸽子时，总试图有所突破。他常常先在纸上画好一只只鸽子。然后一一剪下来，再分别在画纸上移动、搭配、组合，以求取得最佳的构图。这样东挪西移，直到画面使他满意时，才开始作画。父亲的这种做法，在小毕加索的记忆里留下了深刻的印象。

为了让小毕加索练习观察事物，画得形象逼真，荷塞特意在家里养了一大群鸽子。他常常让小毕加索从窗口细心观察鸽子在梧桐树树枝上的动作，倾听它们的低吟，然后再把它们的神态画下来。

荷塞在教小毕加索画鸽子的头、羽毛和鸽子脚时，经常抓住一只鸽子让小毕加索照着画，或者他画出鸽子身体的一部分，让小毕加索画完其他部分。在爸爸的严格训练下，小毕加索的画技有了快速的进步，他在小伙伴中已经有些"声望"了。

在父亲的熏陶下，小毕加索也对鸽子产生了偏好。在父亲的鼓舞下，小毕加索学会从窗口观察鸽子在梧桐树树枝上的动作，细听它们的低吟。后来，温文尔雅、善于逃避的鸽子成为毕加索终生常有的伴侣。他画的和平鸽被视为一种新希望的标志。

荷塞给儿子印象最深的就是他的画中经常出现鸽子，几十年后，毕加索还记得"一幅描绘鸽子的大型油画，鸽笼的栖木上挤满鸽子，有千万只鸽子，我以为马尔赛德广场的鸽子都飞到了父亲的画布上"。

很久以后毕加索的秘书沙巴泰在马拉加找到了这幅作品，但整个画面只有9只鸽子。鸽子伴随着毕加索的成长、成熟和成名，并是他画品与人格的象征。

艺术的启蒙

一个人的成长，在很大程度上是受其生活环境影响的。因此，要了解毕加索，就必须了解一些他的故国西班牙的情况。

在西班牙，有明媚的阳光与浓重的阴影，肥沃与贫瘠，酷热与严寒，还有狂暴的残酷和强烈的友爱，在这里很多事物都具有十分强烈的对比。

西班牙人总是极力表现人生的喜怒哀乐，他们很善于表达自己的感情，他们从艺术中为烦恼寻求解脱，为不幸获得安慰。

他们更懂得喜剧是悲剧的最好陪衬，因为只有对喜剧和悲剧予以同样的重视，并对这两种情绪等量齐观，才能更深刻地不遗余力地表达好这两个极端。

毕加索受这种传统文化的影响，善于通过一些不同的题材，在他的作品中表现悲与喜这两个对立的极端之间的戏剧性。

在西班牙各个城市中，群众的传统娱乐是斗牛。在毕加索诞生地马拉加城，斗牛场上几乎每星期日都挤满斗牛爱好者，他们带着家人和朋友为斗牛仪式中勇士们的威武喝彩。

而在其他国家，斗牛已经绝迹，或者仅仅变成一种动作敏捷的考验，但在西班牙，斗牛依然很风行，这说明它提供了西班牙人性格中少不了的东西。

紧随着这种格斗而来的则是痛苦、残酷和死亡。斗牛士凭借自己的勇敢而成为大家敬慕的英雄。在技巧上，可以说穿着鲜艳服装的斗牛士有点像艺术家。

斗牛运动是西班牙特有的国技。毕加索的父亲同所有的西班牙人一样，酷爱观看斗牛。于是，毕加索也常常被带到斗牛场。在观众席上，父亲总是兴致勃勃地看着斗牛中的每一个细节，还不停地将其中的妙处，一点一滴地讲给儿子听。

身穿华丽服装的斗牛士，像是中世纪的戎装骑士。他们潇洒自如地抖动着手中的红布，敏捷地躲闪着被激怒的公牛那对锐利如锥的犄角。他们临阵不慌，从容不迫。斗争的结果，往往是万物之灵的人战胜凶蛮的公牛。

往往，毕加索一面看斗牛，一面设想自己像那些英雄们一样，在那致命的牛角前数英寸的地方作出勇敢的行为，并且羡慕地瞧着那赢得胜利的斗牛士在一片欢呼声中被观众高高举起。

毕加索对斗牛的喜好，常常体现在他以后的作品中。但他所绘画的斗牛场面，大都体现了残酷和死亡。

一天，小毕加索哭着嚷着要去摸一摸斗牛士那闪光发亮的服装。父亲拗不过他，只好带他去了卡兰加的家里。卡兰加是父亲的好朋友，也是一个出色的斗牛士。

见到卡兰加，父亲略带歉意地对他说："老伙计，我的儿子看了您的精彩表演，很受感动，但他还不知足，他还想仔细看一看您那件斗牛服，您不会介意吧？"

"没关系，没关系。"卡兰加脸上露出和蔼的笑容，回身取下挂在墙上的那套斗牛服装，穿戴整齐后，便朝毕加索喊道："来吧，小家伙！"说着，便用那两只宽厚有力的大手一下子把毕加索抱了起来。

在这个魁梧大汉的肩头，毕加索瞪大了那双充满好奇的黑眼睛，伸出小手一遍又一遍地摸着衣服上的花纹图案，好像那里面藏着什么神奇的东西似的。

毕加索虽然没有成为职业斗牛士，但斗牛的精神和牛的野性深深地烙进了他的心里。

毕加索在8岁那年，动手画了《马背上的斗牛士》，这是他的第一幅油画，毕加索用他略带童稚的笔触，画了斗牛场上一位骑着马的斗牛士和两三个观众。画中人物图像清晰可现，颜色协调均匀，显露了毕加索在绘画上的天赋。谁也看不出这幅清晰明快的油画，会是出自一个小孩之手。

9岁时，毕加索又画了一幅斗牛图。荷塞看了这幅画，高度称赞毕加索"临摹"得很好。他万万没有想到这竟是儿子自己的原创画，根本就不是他想象的临摹了哪个画家的画作。画上的斗牛场中还有许多飞舞的鸽子。线条协调，笔法老到。

后来，毕加索谈到这一幅画时，说："很奇怪，我从来就没画过一幅儿童画。这一幅也确实不是儿童画。"

绘画、斗牛、鸽子，像三个美丽的小精灵，环绕着小毕加索，伴随着他成长。

从小挚爱作画

  1884年,毕加索的妈妈给他生了一个小妹妹,毕加索的两个姨妈因为虫害毁了葡萄园而没有收入,也搬到这里和他们一起生活,因此,毕加索一家的日子变得更加窘迫了。

  荷塞对此毫无办法,沉重的生活压力使他几乎喘不过气来,除了私下教几个学生绘画,就只能卖一些油画用来支付房租。

  荷塞一直想全心全意地作画,做一名画家。可是现在,他却丧失了对自己在绘画方面的信心。

  荷塞在他不惑之年时忽然发觉自己并没有什么真正的创造力了,他发觉这种自信可能一开始就是虚假的,也可能是他感到原先存在内心的某些灵感已被现实生活压得无影无踪,一个画家的灵感就这样被家庭琐事折磨得消失殆尽了。

  后来荷塞在为自己画的肖像中,画的是一个疲倦的男人带着深深的失望和烦闷的表情,把头靠在手上。可以看出他对生命意义已经失去了信心。

  然而,对于像毕加索这样的小孩子来说,生活还是非常快乐的。他这时还不懂得生活的艰难,而脏乱不堪和过度拥挤的小房子对他来说也跟明媚的春光一样美好、自然。

毕加索是个懂事的孩子,他既好动又好静,不喜欢总是待在一个地方,他又不喜欢人很多的地方。他有时在马尔赛德广场上和鸽子一起嬉戏,有时站在民族英雄多利约斯将军的纪念雕像前呆呆地望着。

但是,更多的时候,毕加索会一个人来到海滨。海岸线的优美曲线让他如梦如幻,而地中海对岸的阿特拉斯山顶的积雪隐约可见,闪烁着白色的神秘的诱惑,使他浮想联翩。他从小就热爱大海,他对人生和艺术的理解,就是在海边开始思索的。

只有绘画能让毕加索静静地坐下来,不然他会一溜烟地跑得无影无踪,在外面的世界尽情玩耍。荷塞对他有点儿担心:恐怕这孩子学习不会认真。他的担心真的应验了。毕加索的学习尤其是算术的成绩一直很差。

学校的一般课业,毕加索一点儿都没学到,他随时随地都在画画。以至在他的一生中,始终是稀里糊涂地拼写字母。

一到上文化课,毕加索就像个手足无措的小傻瓜,他的两只眼睛直盯着墙上的挂钟,小圆脑袋来回地摇摆着,他的注意力淘气地把他带到了窗外,带到了树梢上,带到了空气中……这可惹恼了恪尽职守的老师,竟一气之下把毕加索关到禁闭室里,试图以这种惩罚来"教育"他。

使老师想不到的是,这个禁闭室竟成了毕加索最初的画室。在这个四壁白墙的小小空间里,有桌椅板凳,毕加索一挨罚被关到这里,总是悄悄地揣上几张白纸,带上一支铅笔。在这里,他不必偷偷摸摸地画画了。这里没有老师的干涉,没有同学的取笑。

从此以后，调皮的小毕加索经常故意制造一些"错误"，好让老师惩罚他，把他关进禁闭室。老师和同学们都非常不理解他，被老师关禁闭还这么高兴。

由于毕加索不喜欢学认字和数学，他的学习成绩很不好。但是，他总能毫不费力地绘出才华横溢的图画，用绘画展示自己的神通，创造自己的世界。令人惊奇的是，他从不画那些孩子气十足的画。

毕加索在绘画上的天赋，使家人惊喜不已，而他的文化课成绩，却令家人焦急担忧。每当父亲和老师检查他的作业本时，看到的不是文字、题目和答案，而是各式各样的画，连书本上的空白处也画满了小小的图案。

毕加索从来就不爱上学，老师要他写几个数字，他都感到很困难。他是从绘画的角度考虑数字概念的。

荷塞以一位美术教师的角度，感到毕加索在绘画方面有着特殊的天资。荷塞知道，对于天赋极高的人，就要因材施教，不然就会埋没人才。因此，他没有因为毕加索文化课不好而停止教他绘画，相反，他对儿子在绘画方面的要求更严格了。

每天回到家，小毕加索都要完成爸爸布置的大量绘画练习，有时，一只鸽子脚会反复画上几天，上百次，直到爸爸满意为止。然后，他再换上一张纸，开始练习"一笔画"，这是父亲教他练的。他用一根连续不断的线条，画了一个人物，又画了一个动物。不论这根线条怎样弯曲扭动，他手中的笔始终不离开纸面。毕加索对这种画法特别有兴趣，几乎天天都这么练习。

小毕加索如此刻苦，由于长时间握笔，手指间常常被磨出血,他就用旧布绕一下,继续画。

一次,母亲悄悄地走过来,她轻轻地抚摸着儿子的后背,若有所思地说道:"好孩子,你有这个劲头,长大以后,不论干什么都会成功的。你会成为一个伟大的人物。假如你去当兵,肯定能成为将军;假如你去当修士,也一定能成为教皇。"

母亲的话,像一颗饱满的种子,深深地埋在了毕加索的心里。他日后的成长和行为,似乎都与这段话有着某种的关联。

离开了家乡

　　毕加索的父亲以美术教师的阅历和眼力，看到了儿子不同凡响的绘画天资。他虽然不希望毕加索学不好学校课堂的知识，但他更不愿意目睹儿子的天资被旧学校的死板所埋没。于是，他越发下功夫辅导儿子学习绘画。

　　一天傍晚，天气晴朗，荷塞心情十分舒畅，他要儿子画一只鸽子给他看，自己则信步到林荫道上散步。一会儿，他回到儿子的画板前，只见毕加索画的鸽子惟妙惟肖，仿佛是马尔赛德广场上鸽群中的一只。荷塞顿时异常高兴，他把对自己和对儿子的所有希望，都一并寄托在儿子身上。

　　毕加索非常勤奋，天天不是临摹就是素描。他沉浸在绘画的快乐中，却一点没有意识到父亲的期待。妹妹洛拉说："我们家可以开一个'毕加索画店'了，"以此来取笑他。

　　荷塞也有意识地教毕加索绘画，对儿子在学校的课业进展情况似乎也并不十分在乎了。荷塞继承了西班牙传统的写实主义，教给儿子一套扎实的、严守规范的绘画基本功。

在荷塞教过的学生中,没有一个学生像毕加索那样对绘画既敏捷又热衷的。这段时间是他们父子二人相处最和谐的一段时光,父亲对他自己的专业了如指掌,而孩童时期的儿子还不会区分技巧和效果之间的差别。

大多孩子开始的绘画作品看似有些天分,但到了七八岁,这种天分就无影无踪了。毕加索却不同,他童年时代的画一开始有点孩子气,但却逐渐向成熟的方向发展变化。他的天分被保留下来,而且还不断地强化,在他青少年之后再度喷发,伴随其一生。

晚年的毕加索用儿童的手法创作出一大批作品,由此可见他那不可多得的孩童天分一直保留着。

1891年,10岁的毕加索被迫要结束自然舒适的生活了。妈妈又给他生了第二个妹妹,家里显得更加拥挤了。毕加索一家的生活从来就没有剩余的金钱,恰在此时,市政府决定要关闭博物馆,这个消息对他们来说简直犹如晴天霹雳,荷塞的情绪也比以前更低落了。

19世纪初的西班牙,还是一个比较落后的农业国,工业主要是家庭作坊、工场手工业和较小型的工厂,和当时正在进行工业革命的英、法两国相比,有着很大差距。

在西班牙全国300多万的人口中,贵族有40多万人,僧侣约有17万人,这一少部分人拥有巨大的财富。而其他人却缺少土地或者根本没有土地,在政治上和经济上都处于被奴役的地位。贵族阶层根本不关心领地的生产活动,他们大都住在外地,在马德里或外国过着花天酒地的生活,大把挥霍钱财。

家庭的贫困使得荷塞情绪低落,他不得已在科鲁尼亚的公立贝亚斯艺术学校找了一个美术教师的工作，教授素描和装饰。科鲁尼亚地处西班牙的大西洋沿岸极远的北部地区，全家人也因此必须迁到那里去居住。

这个时候的毕加索几乎是目不识丁，而且连简单的加减法都不会。在自己的家乡这似乎没有多大关系，因为所有的邻居、朋友们都会理解他。

然而，在遥远的科鲁尼亚，身为外乡人一定得遵守当地人的规矩。毕加索如果要去上学，就得通过那里的入学考试，或者交出原来学校的学习合格证明。

毕加索除了绘画，不可能通过入学考试的任何一个科目。所以，荷塞只好去找一位能开学习合格证明的朋友。

"没问题。"那位朋友说，"不过在形式上仍然要考一考他。"

考试时，主考官提出一些简单的问题，毕加索始终回答不出来。主考官出了道加法题，然后耐心地告诉他题目怎么写，请他不要紧张，但他还是不会回答。

主考官又提出问题时，毕加索发现主考官把写答案的另一张纸放在一个很显眼的地方。毕加索把那个数字记下来并把答案写上。就这样，毕加索好歹取得了他的学习合格证明。

1891年的夏日接近尾声时，这张宝贵的文件跟所有其他的行李一起被打包，毕加索随着家人开始了他的第一次漫长旅程。

毕加索对看到的一切都感到惊讶，但令他更吃惊的是街上的人们都在讲着他听不懂的语言。科鲁尼亚和加里西亚其他地区的人所讲的话在西班牙的其他地区是从来没有听过的。毕加索第一次感到孤立和困惑，他一个外乡人，能融入当地社会吗？

荷塞一家人蜗在派欧·哥梅兹街的二楼住所里。对毕加索和他的妹妹们来说，眼前是一个与家乡不同的城市，但随着时间的流逝，最初的惊讶在慢慢消退。

在这里，一边是沙滩，一边是海港，远处则是岩岸。它跟马拉加比起来实在很小，只有马拉加的1/3大。这座城市中，除了海港和斗牛场外，唯一令人兴奋的建筑是位于半岛尖端的一座罗马式高塔，当地人叫它"英雄之塔"。毕加索经常画那座塔，他也画一些其他风景。

毕加索进入了父亲任教的学校学习，他极力维持着不被赶出来的局面，写作文时还被强迫用一种从来没接触过的优雅的、工整的方法来写。

对于毕加索，这次迁徙是阅历各种新奇事物的机会。由于住处离学校很近，父亲又在那里任教，所以，只要有时间，毕加索就可以在父亲的悉心教导下进行素描、绘画和学习。他学画很专心，因而在很短时间内就掌握了炭画所着重表现的明暗变化的基本技巧。

荷塞在艺术上循规蹈矩，教育儿子却很开明。毕加索来到艺术学校后，绘画水平提高得很快，这给了父亲一点点安慰和信心。

荷塞教学很忙，就让儿子完成与马拉加亲人联系的任务。毕加索非常讨厌写信，他想出了一种好办法，把自己全家在拉科鲁尼阿市的生活都画在了"家书"上，并且每一幅画都附有文字说明。

毕加索还经常寄出自己编辑、画插图的画报。其中，有一张画报上女人男人被风吹着挤在了一块，雨伞和裙子在飞舞，空白处写道："狂风骤起，不将拉科鲁那刮上云天决不罢休。"

毕加索还在"画报"的封底上刊登他所设计的一些广告。比如，他想让马拉加的亲属找一些纯种鸽子，他就在封底画个广告，并写上"我们征求纯种鸽子"！

一天，毕加索在街上看到几个手持刀子的小孩在打架，到家后他就画了一幅"顽童造反"的画。可以说，在某种程度上，绘画就是毕加索写日记的一种方式，这种日记毕加索几乎一辈子都在"写"。

开始正规学习绘画

荷塞为了让儿子接受正规的艺术训练,就向艺术学校校长提出申请,希望毕加索进入自己的班级学习绘画。申请得到了批准。于是,荷塞继续扮演自己既当父亲又当老师的双重角色,并且从一名老师的角度,他发现自己班上来了位神童。

荷塞没有精力去做很多应该做的事情,他的注意力全部转向了对儿子的艺术教育。他教毕加索使用笔墨、炭条、蜡笔和粉笔等各种技巧,接着又让毕加索改到水彩和油画上,同时还进行大量精确的、专心的素描训练。

荷塞身为教师,是一个严格奉行规范的人,要求学生绝对服从并刻苦练习。这是严厉的学院派训练,即使荷塞不是这样的教师,校方也会作这样的要求。

毕加索十分高兴地接受这一切规范教育,在这所学校里,没有令他头疼的数学课,他主要学习人物画、油画、风景画以及古典绘画和装饰画的临摹与复制技巧。他在课堂上所画的雕像素描让看到的人都为之惊叹,这不只是由于他的技巧高超娴熟,更是因为他给雕像赋予了生命。

这种全面的专业训练，不但没有成为他的负担，反而极大地激发了他的兴趣，使他感到其乐无穷。他好像一下子长大了，懂事了。他把自己的全部时间都用在学习绘画上。对着学校的石膏模型，他一个接一个地素描，什么希腊英雄、罗马女神，什么独腿、断臂、耳朵、鼻子等。他还认真地写生绘制了所有的飞禽标本，什么老鹰、鸽子、猫、狗、麻雀等。

正是在这种大量的、旁人眼中枯燥无味的基础训练中，毕加索的眼与手的配合能力得到了提高。这时，他的画笔已经能够迅速准确地表达出眼睛所观察到的事物了。他也很快掌握了用炭笔表现明暗变化的技巧。

毕加索的学习成绩在班上始终名列前茅。考试成绩不是"特优"就是"优"。他的许多素描所达到的完美程度，几乎令学校所有的老师难以置信。父亲为自己的儿子如此出类拔萃而自豪，但他还是很冷静，他知道儿子离成才还很远。

毕加索的创作热情十分强烈，他不断地勾画在周围所看到的人和物。他的主题有海港里的渔船、海滩上的人们、大力神塔的风景以及鸟瞰全城的岩石重叠的海角上的罗马式灯塔。

回到家后，父亲继续对儿子进行训练，最常用的方法是让儿子协助他完成作品。他往往先切去一只死鸽子的双脚，把鸽身钉在木板上，然后父子俩分别描绘无脚鸽子的形态。画完后，父亲再把鸽子的双脚摆在桌子上，让儿子在他的画布上完成这双脚的画。

父亲一直认为这是一种高层次的训练。他对鸽子的脚和人的手都格外地重视，他常常对毕加索说："要观察入微的，不是手的形状，而是手所蕴含的意义"、"从手上可以看出艺术家的手笔"。

毕加索最喜欢描绘的是他的妹妹洛拉。洛拉比他小3岁，眼睛和哥哥的一样明亮，白皙明丽的脸庞上总带着甜美的微笑。哥哥为她画了不少的素描，有穿着女学生上衣的，有忙于家务的，有帮家里打水的，还有兴高采烈地抱着洋娃娃坐着的。

毕加索还为父亲的朋友画肖像，其中有一幅是至今保存下来的仍未完成的肖像画。毕加索用他坚定有力的笔触，画出了那位朋友的特色——蓬松的八字胡，炯炯有神的双眼，威严睿智的神采。许多画家都认为这幅肖像画的技巧达到了他早期绘画的顶峰。

在课余之时，毕加索的作品自由得多。

1892年至1893年，毕加索绘了几幅试验性的油画，他的技巧更加娴熟。

1894年，毕加索完成了一幅《一个男人的头像》。这是一幅极其杰出的作品，整幅画阳光灿烂、生机盎然，是最佳的西班牙写实风格。此时毕加索的绘画已经完全成熟，绝对没有一点孩子气的迹象。

毕加索13岁时又画了许多画，这些画儿显示出多种技巧并进的势头，每幅画都比以前更加完美成熟。后来他又画了一幅叫《一些穷苦的老年人》的画，这更令人激动。这些都是强烈的、严肃的西班牙写实主义的杰作。画中那些蠢笨的、受苦的、绝望的人们被实实在在地展现出来，丝毫没有矫揉造作的成分。

1895年毕加索完成了《赤脚的女孩》和《乞丐》，他在自己众多绘画作品中，最满意的就是这两幅作品。毕加索所描绘的这些被贫困逼到死亡线上的穷人，是那样的传神、细腻。尽管他们形容憔悴、身世飘零，但人性善良的光辉依然感人。

《赤脚的女孩》是毕加索第一次满怀着特殊的情感描绘的少女画像。画中的姑娘坐在普通的墙壁前面，两只乌黑的大眼睛凝视着前方。她肩上那条不太干净的围巾、朴素的衣着和两只赤脚以及周围环境的简朴，都表明她的家境贫寒。她的手脚是粗糙的，同她那天真惊奇的目光、极其匀称的面孔以及忧郁的表情形成了鲜明对比。

毕加索在处理脚的大小和衣服掩盖下的粗大的脚踝时，采用了夸张手法，着重烘托了她同土地的交往，描绘出了她是一个生来就得过穷日子的苦命人。同时，她也是7年以后，毕加索在"蓝色时期"所画的另一幅《乞丐》和20世纪20年代早期一些巨幅裸体画的前身。

当毕加索真正开始掌握绘画技巧、完全能掌握绘画工具时，荷塞就让儿子帮自己的装饰画作一些细节的整修工作。几个月之内，双方都显而易见地发现，即使是在技巧的层面，儿子创作的画也已远远超过了父亲。荷塞不能画出《赤脚的女孩》，也不可能画出《乞丐》。他承认了这个事实，于是他郑重其事地把画笔让给儿子，从此以后荷塞再也没有画过一幅画。

在科鲁尼亚度过的4年，对毕加索来说是非常重要的。在这里他更加热爱新的事物、朝气蓬勃的事物，更加欢迎一切突破传统习惯的东西，因为他已产生了一种独立和自信的精神，对自己的才能和判断力更有信心了。

科鲁尼亚的生活对荷塞来说一直都不适应并且充满了压抑的气氛，尤其是毕加索最小的妹妹因染上了白喉救治无效死去了。

这对荷塞来说是一次重大打击，之后他变得更加忧郁了，不过这种日子没有持续太久。

妹妹的死像一块低沉的阴云，在毕加索的心头压抑了很久。他第一次体会到死亡的恐惧，感受到死神的威胁。在极度悲哀中，他发誓要成为一个有神力的画家，他要与上帝和命运进行一场殊死的较量！

没过多久，在巴塞罗那一所著名艺术学院任教的一位荷塞过去的助手，想要回到这里他的故乡，他向荷塞提议对换工作。荷塞爽快地答应了，这回可以离开那充满悲伤气氛的小房间，同时也可以脱离科鲁尼亚永无休止的雨水和郁闷，回到阳光普照的南方。于是，全家人匆匆忙忙地收拾好行李和毕加索大量的画作，坐上火车离开了科鲁尼亚。

在去巴塞罗那就职前，父亲决定先返回故乡马拉加探亲。在归途中，他有意绕道马德里，为的是让毕加索参观设在首都的几个美术博物馆，在著名的普拉多艺术博物馆里，父亲领着毕加索观赏了陈列在那里的西班牙著名画家的作品。委拉斯开兹、哥雅、埃尔·格列柯、楚尔巴兰的大作，在展厅里庄严矗立，闪耀着神秘的艺术之光。

这是毕加索第一次目睹这些伟大的作品。父亲微微地躬着腰，向矮小结实的儿子小声地讲解着："委拉斯开兹是一位宫廷画师。他一直专心于描绘自己的眼睛所能够清楚地看到的事物。他作画的时候，模特大部分时间都不在场。被画的人只有头部是用写真的手法描绘出来的，而衣服往往是后来才补上的。他晚年的佳作，就是这幅《宫廷侍女图》……"

毕加索一边望着墙壁上的画作，一边竭力理解着父亲的话。

他敬佩和崇拜这些名家大师。经过4年美术学校的学习，他已经能够欣赏这些画作了。

在马德里，他们没有久留，很快便返回了阔别4年的家乡。见到他们回来，亲戚们真是悲喜交集。在话别叙旧时，亲人们发现，毕加索的变化最大。4年前，他还是一个只知道画画的小学生，如今俨然是一个画家了。他那圆圆的脸庞上，显露出少年身上不多见的沉着和思考，那一双又黑又亮的大眼睛又多了几分警觉和聪颖的光泽。他的个子长高了，胸脯也厚实多了，像一个短跑运动员。

然而，最令亲戚们感到惊喜的是，他们从毕加索带回来的作品中，看到了这个孩子超凡脱俗的才气和坚实的绘画基本功。作为一个年仅14岁的少年，他作品中的色彩、线条、构图和画技，几乎是无懈可击的。

众亲戚中，最兴奋最激动的自然要算萨尔瓦叔叔了。这个曾将刚出世的毕加索从死神手中夺回的人，被侄子的作品深深打动了。他敏锐地感觉到，毕加索画技会有更大发展，将会成为一个著名的画家。

在艺术学院上学

轻松愉快的暑期很快结束了。父亲携带一家人又登上了开往巴塞罗那的轮船。大海风平浪静,毕加索在轮船上作画。这个行程恰好是沿着西班牙的东海岸由南向北航行。

一路上,成长中的毕加索目睹了社会的真实景况:轮船上形形色色的人物,海港里繁忙嘈杂的船只;穷人的潦倒,富人的骄横……少年毕加索的心,平添了几多忧愁,几多思虑。这眼中的世界和心中的世界重叠在一起,使他又成熟了几分,沉稳了几分。

经过3天的航行,巴塞罗那呈现在眼前,这是一个繁忙的港口城市,两侧延伸出城市的轮廓。这座位于西班牙东北部的海滨城市,是加泰罗尼亚地区民族文化传统悠久的古都。它有着得天独厚的优越地理条件,毗邻法国,近连欧洲大陆,道路四通八达,欧洲的新潮文艺思想在这里传播得很快。所以,巴塞罗那比处于西班牙心腹之地的首都马德里更为开放,更为自由。

巴塞罗那曾是加泰罗尼亚的首都。加泰罗尼亚在中世纪时是一个横跨东比利牛斯山的独立国家,大部分的国土落在西班牙半岛上。这个国家天然资源不丰富,但却拥有充满活力、精于贸易的人口。

在摩尔人的战乱后,早先住在海岸一带的居民恢复了商业的经营,使得加泰罗尼亚很快成为地中海最重要的贸易国家。

当西班牙其他地区还因为过去的战争而大伤元气时,加泰罗尼亚却繁荣起来,拥有本身辉煌的文明、杰出的建筑艺术、一所著名的美术学校和一所著名的大学,以及广受意大利、法国、拜占庭及犹太学者们所影响的文化。

毕加索刚到巴塞罗时不过是个孩子,对这一切全然懵懂,而且还是个与这个城市格格不入的陌生人。刚一踏上码头,毕加索就发现自己又一次被不同的语言所包围。荷塞一家人异乡客的感觉越来越强烈,在走向克莉丝汀娜街落脚处的途中大家深有体会。14岁的毕加索再一次尝到了失落的滋味。

1895年,巴塞罗那已经是一座欧洲现代时尚、巨大而繁忙的城市,50万居民全都讲着他们自己的语言,有着与马拉加或西班牙其他地方不同的生活习俗。

在巴塞罗那的街头,一群人在游行集会,他们举着尼采和陀思妥耶夫斯基的著作,喊着无政府主义的口号,"印象派"的光波在他们迷乱的眼神里激荡,"象征主义"的梦想在他们蓬松的长发间出没,他们是颓废派诗人、泛神论者、象征主义者、哲学家们。

毕加索注意到了那个拖着脏污卷发、络腮胡子的卡塔鲁那人圣地亚哥·鲁西诺,这位巴塞罗那现代运动的领袖,是西班牙16世纪末绘画大师格列柯的崇拜者。他是位画家,可他的讲演好像比绘画更出色。

荷塞全家先住在克莉丝汀娜街的寓所,不过他们马上发现那儿光线太暗,并且极不方便。很快他们就搬到距离荷塞任教的艺术学院很近的恩赐街的一幢楼房里。

当时毕加索就读于巴塞罗那一所中等美术学校。这所学校名望较高,规模也大,校舍整齐,设备齐全。遗憾的是,它在教学方法上仍然是循规蹈矩的老路子。初级班的学生一个挨一个地坐在板凳上,日复一日地描摹一小片叶子,或者是古建筑上的一个细部。几个星期后,直到画纸被擦破了、蹭黑了,才能得到允许换上另一个模型。

按年龄讲,毕加索应该在这个班级学习。但是,毕加索的实际技能,已远远地超过了这个阶段。所以父亲为儿子申请进高年级学习。校方的回答是:只有通过考试才能决定取舍。学校规定了试题和时间。出人意料的是,毕加索仅仅用了一天的时间,就完成了校方限期一个月完成的作品。

在他的试卷中所表现出来的非同凡响的画技,甚至超过了高年级的优秀学生。比如,试卷中有一幅裸体男模素描。毕加索以朴素的写实手法,娴熟的炭笔明暗技法,将男模结实健壮的躯体栩栩如生地表现了出来。这使学校的老师们大吃一惊,他们根本没有想到,站在他们面前的这个看上去还有些腼腆的孩子,竟然有这么强的绘画能力。

毕加索被高年级破格录取了!于是,他开始学习古代美术、实物写生、模特写生和素描等课程。他一面认真地学习这些课程,一面利用课余时间到外面写生,进行更为刻苦的自我训练。

毕加索的班上有一位叫曼纽·派亚瑞斯·格劳同学,是个淳朴强壮的年轻人,第一堂课正好坐在毕加索的旁边。尽管两人年龄相差了6岁,却很快成为朋友。派亚瑞斯是毕加索在巴塞罗那时最好的朋友,而且一生都与毕加索保持着密切的往来。

作品获得奖励

毕加索在巴塞罗那前两年的生活平静地过去了。他住在家里，按时去上课，努力绘画，还经常和派亚瑞斯在街上游玩，画满一本本的街景、马匹、猫、狗和开赴战场的士兵的速写。

毕加索在家里也忙于绘画，为家人画油画和素描。一张他母亲的蜡笔画和几张他父亲的肖像，还有多幅画妹妹的油画及素描和一幅大型的油画，画的是妹妹洛拉穿着白衣跪在圣坛前第一次领受圣餐的情景，父亲站在洛拉的身旁。这一幅成功的作品，被送去参加"美术与工业"的春季展览，赢得了一片赞美声。

1896年夏天，毕加索是在马拉加度过暑假的。他在家乡表现出了惊人的活力，画了大量的肖像、素描，其中非常特别的有几幅，在这些作品中一点儿没受巴塞罗那的影响。

毕加索很少画风景，在这里他画了最特殊的一幅风景画。这一幅画他是用以前从来没有使用过的手法画的。画面中，马拉加的红色土地斜着伸向淡蓝色的天空，地上长满了仙人掌，似乎是用画笔生动而有力地涂上去的；地面的色彩强烈，浓重的颜料又有调色刀压抹的迹象，和那淡蓝色的天空形成鲜明的对比。

这幅画有些凡·高的感觉，更让人联想到野兽派，可是在凡·高时代还不曾有野兽派这一说法，当时毕加索也没有听说过野兽派。这幅画纯粹是毕加索自己的画风。

1896年，16岁的毕加索为了参加一个大型展览会，想要画一套"沙龙风格"的作品，他征求父亲的意见。父子俩研究了很长时间，最后选中了《唱经班的男孩》、《第一次圣餐》、《科学与仁慈》3个题材。这样，既有科学的又有宗教的，反映出了两代人的妥协。

在巴塞罗那全市美术展览会上，毕加索的《第一次圣餐》陈列于第一展览室，标价1500比塞塔。当时《巴塞罗那日报》上刊登了一篇对这次展览的综合评述，其中提到了《第一次圣餐》这幅画，对这幅画给予充分的肯定。

毕加索把自己的情绪、心理调整到最佳状态，做好足够的思想准备，接着动笔创作了著名的《科学与仁慈》。

荷塞对此也相当重视，他买了许多的新材料，教毕加索怎么用它们，甚至还替毕加索租了一间画室。荷塞亲自充当画中的模特——医生，并从街道上找来一个乞妇做病妇的模特。

荷塞一生极少照相，他没有留下什么照片，后人只能通过毕加索这幅画中的"医生"来想象他的样子了。

毕加索充分借鉴流行的印象派的技巧，在以赭色、棕色表现悲悯和忧郁的同时，映衬着紫红、黄绿诸色，从而一扫伤感颓靡之风，画面成熟稳重、泰然自若，虽然尚没有摆脱学院派的影子，却也对未来有所预示。

《科学与仁慈》画面上是一位病中的母亲，她面容憔悴，两只眼睛深深地凹陷着，正失神地望着自己的孩子，她的手有气无力地垂在床边，一位老医生正在给她看病，一位修女一手抱着孩子，一手端着汤给病妇喝。

在这里"医生"体现了"科学"，修女体现了"仁慈、博爱"。毕加索用赭色、棕色和土色表现忧虑、悲悯、凄凉的感情，并用紫红色、淡紫色、白色和黄绿色体现作者寄予的希望。

毕加索非常用心地作这幅画，《科学与仁慈》被送到马德里参加全国展览，得到审查委员会的荣誉奖状，又送到马拉加参加地方展览，得到一枚金质奖章。

这让全家人欣喜若狂。这幅画也让所有喜爱简艺绘画技法的人都很喜欢，但这是毕加索对学院传统的告别作，他以后再没有画过这类的画作。

《科学与仁慈》是毕加索人生旅程中第一个重要的里程碑。为了庆祝这次获奖，毕加索的家人和朋友特意为他举行了一个庆祝仪式：把香槟酒浇在他的头上，作为他成为画家的洗礼。从这一天起，毕加索有了一个新的称呼——画家毕加索。

毕加索在别人吹捧的光环和期待的眼神中，上了展览，上了报纸，如果他按着别人为他指明的道路走下去，凭毕加索的聪明才智，他完全可以成为一个很不错的画家，会超过他的父亲，成为当地有名望的人物。但是，如果那样，也许人们永远也见不到天才的毕加索了。

1897年的暑假，毕加索再次回到家乡。毕加索受到了亲朋好友的热烈欢迎，萨尔瓦叔父拥抱了侄儿，他一直对毕加索抱着很大的期望。荷塞的一群老朋友，也为画家毕加索设宴祝贺。

这段时间毕加索常常把绘画丢在一边。他腋下夹着手杖，戴黑色的帽子，但却遮掩不住帽子下那乌黑的闪闪发光的眼睛。一到傍晚，他就挽着表妹卡门·布拉斯科的手来到海滩或者河边散步。

洛拉妹妹经常跟踪哥哥，偷偷地窥视他和卡门·布拉斯科的一举一动，然后回来学给大人们看，逗得家人笑声不断。

人们认定了毕加索与表妹郎才女貌，是天生的一对。因为买不起名贵的花，又不好意思向叔父要钱干这些事，所以毕加索特意把一个画了一束花的铃鼓送给表妹布拉斯科。

几天后，布拉斯科说，她不能再和毕加索一起出去散步了。原因是，布拉斯科的妈妈嫌弃毕加索家里太穷，社会地位也不高，毕加索配不上她的女儿布拉斯科。

这事对毕加索的打击可不小，他虽然冷静地和布拉斯科分手了，但心中却烙上了永远无法磨灭的伤痕。在毕加索此后一生的情海里，几乎再没有这样单纯的爱恋了，而更多的是一种感情的依托、寂寞的排遣与情欲的宣泄。这个假期他过得不如上次那么愉快，因而他也没有创作出很多作品。

毕加索那位越来越有钱的萨尔瓦叔父的两位朋友卡波奈罗和狄库伦在马德里的圣费南多皇家学院任教，而且极具影响力，他们认为毕加索应该到那里去深造。萨尔瓦叔父虽然做了这项建议，但他却和很多有钱人一样，在金钱上对穷亲戚十分吝啬。

荷塞和他的其他一些亲戚、老朋友们凑了一些钱，加上萨尔瓦叔父给的那一点点，还是少得可怜。而这些就是毕加索的全部旅费、生活费和作画的材料费。

热爱自然的生活

1897年秋天,毕加索以优异的成绩考入了西班牙最著名的美术学府——圣费尔南多皇家美术学院,暑期刚过,毕加索就在萨尔瓦的帮助下,只身去了首都马德里。

毕加索在贫民窟似的圣贝卓马提街给自己找了一个廉价的简陋房间,在那里,毕加索一个人寂寞地度过了16岁的生日。

毕加索带着无限期望兴冲冲地来到圣费尔南多皇家美术学院,但在学院上了几天课后,毕加索失望了。

圣费尔南多皇家美术学院虽然是全国一流的美术学府,但在教学方法上仍然是墨守成规,被浓厚的"学院风"主宰着。毕加索很快就发现这里的课程无吸引人之处,而且教他们的卡波奈罗和狄库伦都是相当糟的画家。

他想在更高层次上提高自己的想法落空了,毕加索十分苦恼。

毕加索这时对自己的画法产生了困惑,他不知道是按照当时西班牙现实主义画家的传统画法画下去,还是按照自己的创作思路继续探索下去，毕加索陷入深深的矛盾之中。

这种矛盾心理反映在他当时画的两幅自画像中。一幅是《留平头的自画像》，画中的毕加索表情迷茫，他那双明亮的眼睛里透出的是沉思和茫然。另一幅是《扮着18世纪绅士的自画像》，画中的毕加索戴着白色假发，显得尊贵、庄严，脸上的表情带着骄傲，反映出毕加索强烈的自信。

不久，毕加索完全放弃学院里的全部课程，一个人到普拉多博物馆去观赏、描摹，吸取格列柯、哥雅和委拉斯开兹等大师的精髓。他仔细揣摩着，比较着，从中领悟艺术大师们的精湛技法，汲取营养，丰富自己的创作灵感。

他上次随父亲到马德里时，还要靠父亲的讲解来鉴赏这些画家的作品，而这一次，他已经完全能自己分析和评价了，并且有了自己独到的看法，他只赞赏埃尔·格列柯等人的作品，对一些大师的作品，毕加索简直不屑一顾。

毕加索不但在普拉多博物馆临摹，还在城里的大街小巷上不停地画。这时，毕加索的画法已经开始向着现代主义前进了，甚至开始向一个更加超越的境界迈进。

生活在16世纪至17世纪的埃尔·格列柯属威尼斯画派，画作多是宗教题材，人物瘦长变形，在一种神秘气质里宣扬苦行主义精神。格列柯引起了毕加索的特别注意。格列柯的画作通过手势和眼神揭示人物心理的哲人式画法感染了毕加索。去普拉多临摹委拉斯开兹和格列柯的名画，成了毕加索此时的必修课。

在天气暖和时，毕加索漫步在车水马龙的街道上，他手里拿着写生本看见什么就画什么，很快就完成了5本街景的写生。毕加索走遍了全城大街小巷，尤其是饥饿与贫困人出没的那些阴暗得可怕的小胡同。他敏锐的目光开始对实物的可塑性进行考察。

他发觉同样是人，却有两个极端：富人总是那么大腹便便，目空一切；穷人却枯肠瘦肚，委琐难堪。人物的这种可塑性，在他后来的第一幅立体主义绘画中淋漓尽致地表达出来。

毕加索在马德里的大街小巷画得相当勤奋，但在学校里却从来见不到他的影子。不久，毕加索在马德里不上课而在街上到处闲逛的消息就传到了巴塞罗那和马拉加。这让富有的萨尔瓦叔叔很不高兴，于是中断了对毕加索的经济支持。

他气愤地说："我不能把钱给这种不学无术的人！"

只有父亲荷塞从本来就很少的生活费中挤出一点钱来供给毕加索生活。

毕加索本来就捉襟见肘的日子，由于萨尔瓦叔叔的决定更加雪上加霜。他穷得连买绘画材料的钱也没有了。毕加索后来回忆那段时期的生活时说："饿肚皮是小事，几天不能创作，我就像要死了一样。"

在无奈的情况下，毕加索便把一张画纸分做几张用，在每一张纸上重重叠叠、密密麻麻地画，因此他的许多重要的作品都没有保留下来，十分可惜。后来被发现的一张毕加索当时的作品，画纸上涂满了小丑、狗、马和吉卜赛人。由于画得太密，辨认不清，只数得出 8 个签名，前面都是同一日期。毕加索总是把签名放在日期之后，有人对此不解，他说："时间对我来说比名字更重要。"

日子就这样一天天过去，瓜达拉马山脉吹来了寒风，冬天降临了。即使是马德里的当地人也冷得受不了，更不用说像毕加索这样在南方晒惯地中海太阳的人了。这种寒冷的风，像谚语说的,"可以杀掉一个人,却吹不灭一根蜡烛。"

冬天,马德里十分寒冷,毕加索身无分文,经常饥寒交迫,他终于病倒了。毕加索开始发高烧、喉咙痛,舌头红得像草莓,全身起了红色的斑点,斑点很快就融合成一大片,他得了红热病。

这种病在当时是有生命危险的。每天,毕加索躺在病床上,都在不停地做梦,他一会儿感到自己进了天堂,走起路来像要飘起来一样;一会儿又感到自己进了地狱,很艰难地才能迈开一步。

在半梦半醒中,他不停地问自己:"怎么?我是要死了吗?天啦!我还这么年轻,我还不想死啊……"

但毕加索年轻的生命力相当顽强。他躺在床上几个星期,全身脱了一层皮,又长出一层新的,终于度过了最难熬的重病期。他精心疗养,努力锻炼身体,当6月12日一年一度圣安东尼奥节来临时,他已经完全恢复了健康。

之后,毕加索回到巴塞罗那的家。家乡风味、温暖人情和他本身的生命力,使他很快就有了精神。一周后,当老朋友派亚瑞斯邀他到欧塔乡下去休养时,他立刻就答应了。

欧塔是派亚瑞斯生长的地方,这是个居民很少的小镇,这里保持着古老淳朴的农耕生活。毕加索在这度过了一段轻松惬意的日子,这也是他生命中相当重要的一个时期。

这里空气清新,景致迷人。巍峨的山峰与蓝天白云交相辉映,透过起伏的山峰,绿荫层层。在两峡之间,流淌出一条清冽的泉水。泉水在灿烂的阳光下闪烁着耀眼的光芒。红瓦白壁的农舍在绿荫中时隐时现。毕加索喜爱这令人心旷神怡的一切。

他好像一个回归的游子,一下子便投入到大自然的怀抱之中。他像当地农民一样干着各种各样的农活。他还满怀兴趣地学习种植、酿酒的知识。最让他感到快活的是,他同自己年轻的伙伴派亚瑞斯和一个吉卜赛少年一起,常常结伴上山探险。

黎明初晓,他们坐在高高的山顶上,观望着庄严壮丽的日出;正午时分,他们又戏耍在轰鸣的瀑布之中;夜幕降临,他们就躺在阴凉的山洞里,燃起红红的篝火。

正是在这种与大自然融为一体的探险生活中,毕加索学会了在都市里绝对学不到的知识。那位热情的吉卜赛少年对毕加索特别友好,他教毕加索怎么分辨各种鸟鸣,在遮天蔽日的树林里怎样观察树与草的长势以辨别方向。他还教毕加索怎样避难,怎样自救,听得毕加索既惊心动魄,又好奇兴奋。

就在欧塔欢乐的时光里,毕加索也没有忘记自己的功课,常常抓紧点滴的时间来作画。他以无比舒畅的心情,描绘了眼中的人间天堂:路旁歇脚的农夫,鬓边插花的姑娘,田里干活的男女,树下弹吉他的吉卜赛人,还有那些可爱的牛、马、羊、驴等牲畜。

此时,毕加索对作画更加胸有成竹了,其中有几幅山羊和绵羊的画像,真正把握住了它们的神态和动作,这是十分了不起的。他的笔触更为肯定,他对明暗的对比表现和物体轮廓的加深也有了较大的兴趣,对质感比过去更加重视。

1899年,毕加索完成了一幅《亚拉冈人的习俗》,这幅画在马拉加又赢得了一枚金质奖章。当这幅画的油彩干了以后,他就打点行装,同朋友道别。在欧塔乡下与派亚瑞斯一同度过大半年的时间后,他决定要回巴塞罗那去了。正是在这种与大自然亲密接触的时光里,毕加索的身体很快地康复了。

当他返回巴塞罗那家中的时候,他高兴地对父母说:"我所知道的一切,都是在欧塔学到的。"

他口中所说的"知道的一切",既包括了刷马、用镰刀,对制酒和榨油的亲身体会,也包括收获干草、玉米、葡萄和橄榄,剪羊毛、杀猪、挤牛奶,同时还包括说流利的卡达浪当地的方言,尤其重要的是在对生命本质上得到了城市人永远得不到的深刻的新的体会,对社会有了更广泛的认知。

参加文化俱乐部

在欧塔乡下平静的生活,给了毕加索一段的时间,让毕加索有机会重新仔细想想每一件他认为重要的事。这时生活也迫使他天天使用卡达浪方言,因此在回到巴塞罗那时,毕加索可以流利地用这种语言和当地人交谈了。

毕加索出去这么久,父母很担心,生怕他住不了几天又要走,只好同意他不去学院学习的要求。毕加索的同学约瑟夫·卡尔多那专攻雕塑,他十分钦羡毕加索的才华,邀请他来共用他的画室,这也解决了毕加索急需画室的难题。

早春,巴塞罗那的天气乍暖还寒。毕加索没有时间体验季节变化,一头扎在画稿当中,他画了又改,改了又画,似乎没有满意的时候。可是,连他自己都没有想到,他的美术活动已经纳入了"现代派"的范畴。

转眼间,毕加索已经是一个18岁的堂堂男子汉了。他的身材虽然不算高大,但却显得十分精神健壮。宽圆的肩膀和那四肢鼓满力量的肌肉,使他看上去像是一个铁金刚。黑发衬托下的那双敏锐犀利的目光,含着一股慑人的洞穿力。他的思想日益成熟,画技也日臻练达。他迈入了成年画家的行列。

那时,活跃在巴黎的各种文艺流派和思潮,在巴塞罗那也很流行。如自然主义、象征主义、写实主义、印象主义、世纪末的唯美主义、哲学上的无政府主义以及加泰罗尼亚地区的民族主义等,纷纷涌现,争奇斗艳。

一群年轻的画家、诗人、记者、评论家,常常聚集在巴塞罗那的一个取名为"四猫"的俱乐部里,开展各种学术性的自由争论和新知识的交流。

"四猫"这个名字出自于西班牙的一句民间谚语"我们只不过是四只猫"。这里面含有一种自嘲的味道:我们都是一些微不足道的人物。

毕加索回到巴塞罗那后,很快便被"四猫"俱乐部所吸引,成了那里的常客。在这群朋友中,他是年龄最小的一个,朋友们常常亲热地称他"本雅明",即年龄最小最受宠爱的儿子。

当朋友们高谈阔论、慷慨激昂的时候,他总是一声不响地坐在旁边,默默地听着。但是,他那双机敏的黑眼睛,却在朋友中间移来扫去,仔细地辨析着他们所谈论的一切。

巴黎的各种新潮名词和流行观念,使他难以理解。但是,巴黎所有的世界各地历朝历代的名品佳作,却是他景仰已久的。他深知自己的视野还太狭窄,只是从艺术刊物上才看到那些名家大师的作品,他又知道了绘画真迹与复制品、印刷品有着多么大的区别。

俱乐部里常有大批的文人名士,毕加索在这里结识了许多的朋友,同时他也创作出了大量的画作。在这时,他和父亲之间有了分歧。快60岁的荷塞，自然有许多看法是根深蒂固的。而18岁的毕加索已经是成人了，且刚从一个完全自由的生活环境回来，他们之间有代沟就不足为奇了。

事实上，毕加索和家庭的矛盾既不激烈也不持久。那段时间他还亲切地画了一些他父亲的像，他的妹妹也常常来看他。也就是在这个小房间里，年轻的作家及诗人沙巴泰初次结识了毕加索。

有一天，毕加索正在忙着修改作品。忽然，门开了，一个长头发青年来到毕加索的面前，问他是不是毕加索。毕加索没有作声，惊讶地睁大黑色的眼睛。来人也不问了，目光移到毕加索的画板上，那件正在修改的作品使他弓着腰，足足看了一刻钟。他就是诗人、画家沙巴泰，从此他成为毕加索的终生朋友和知音。

《科学与仁慈》正立着靠在墙上，旁边放着《亚拉冈人的习俗》，而在一堆一堆的图画和速写本之中，毕加索正忙着作另一幅油画。

毕加索锐利目光的凝视使沙巴泰局促不安，那些画作也使沙巴泰佩服得五体投地，因此在分别时，沙巴泰毕恭毕敬地对毕加索鞠了一个躬。

许多年后，毕加索与沙巴泰回忆起第一次见面的情景。

沙巴泰说："当我走到他的面前，向他道别时，我向他鞠了一躬，我不禁为他的整个形象所散发出来的光芒而折服。我一看见他就想，他果真是不同凡响。他的眼睛像星星一样明亮，要过很长一段时间才能适应。他那双手虽小，但是非常灵巧、好看，活动起来的时候好像是在说话。他的画作里有一种我说不出来的特殊感觉，但深深地被那种感觉吸引着。"

这就是他们莫逆之交的开始,他们的友谊一直持续到1968年沙巴泰去世为止。

在"四猫"俱乐部那种异常活跃的艺术气氛熏陶下,毕加索开始了无拘无束的多方面的探索。他像法国画家劳特累克那样运用流畅的线条作画;他模仿格列柯的笔法,把人物的肢体拉长扭曲;有时他还仿效日本的浮世绘版画,加强作品的平面装饰效果。他在速写本上,又画满了新朋故友的肖像和都市风光,包括巴塞罗那的码头、舞厅、酒店、妓院、斗牛场……

这时,他还以极快的速度绘制自画像。他已经不满足于从镜子里观察自己的左右相反的形象了。他迫切地想知道旁人眼中的自己。于是,他开始从各个角度关注自己的体貌特征,并迅捷地描绘下来。同时,他还将绘画艺术用于实际工作中。他为刊物上的诗歌配画插图,为杂货店装饰门面,为商品绘制广告。他不知疲倦地挥动着手中的画笔。

毕加索的朋友都非常看重和他的友谊。包括派亚瑞斯、沙巴泰和卡萨杰玛斯在内的一大群朋友,他们支持他办一个个人画展,就在"四猫"俱乐部里举行。毕加索也认为这是个好主意,于是在冬天就着手绘制"四猫"俱乐部常客的肖像。他的朋友几乎都出现在这些画作里面。

1900年2月,作品都准备好了。因毕加索和朋友们都买不起画框,只好把画作钉在墙上。很多人对这次画展反应不热烈,出售量只达到业余的水平。

这些作品只是毕加索在1899年至1900年间大量作品的一小部分。这段时间的作品展现出多种多样的风格。其中的《赌徒的新娘》是一幅很令人惊异的画作,给人一种非洲雕刻的印象。上面的一张脸孔像绿色面具似的，突起的前额和两眼上方的弧线向下延伸成直而长的鼻子。

还有一张是用一种别人绝不会用的方式画出的，是从他画室向外俯视的街景。在画中，远处下方的人影、小车子，用两三笔有力地挥洒将之勾勒得惟妙惟肖，并且在周围用一圈一圈的厚涂法表现出空间的深度。

另外许多的绘画，关于贫穷、疾病、病床和死亡、酒馆、酒吧、舞厅和戏院的景象、许多的娼妓和斗牛士、海报的习作、裸体人像、自画像，有些甚至是用几何图形来表现的。

一些自画像包括初到这个城市的小男孩，从笨拙的少年到他的青年时期。有意思的是他对镜中的自己似乎永远猜不透，每张自画像上的面孔是完全不同的。这些面孔有时年轻、有时苍老、有时棱角分明、有时线条圆滑，每张的风格都各不相同，毕加索对自画像这个题材没有非常肯定的掌握。

尽管有的画留有模仿名家画风的痕迹，但是，他那奔放有力的线条，出人意料的笔法，赢得了那些比他大 10 岁乃至 20 岁的朋友们的赞叹。他们夸奖他在运用油画笔和炭笔时所显示出来的惊人才能。他们也惊喜地意识到：年轻的毕加索，可以轻而易举地超过他们的精心杰作。他们对这个"本雅明"刮目相看了。

毕加索除了常用的铅笔、胶彩、水彩、厚涂和油料之外，他还加上蚀刻和木雕，还包括了雕塑。

毕加索画了一个斗牛士，手上提着长矛，身穿带刺的马靴，地上有一只小猫头鹰。不过他事先没有注意到印出来的图样和版上的正好相反，结果斗牛士手里的矛就变成了抓在左手上。这件事使聪明的毕加索马上想到了为这幅画改名为《左撇子的斗牛士》。

巴塞罗那给了毕加索很多，但他开始厌倦了，他有时会很不快乐，喜怒无常，甚至会从正在谈话的一群人当中一言不发地站起来，走出酒馆。他眼见人们在一本正经地过着他们的颓废生活，在最初的好奇过后，自然会感到厌烦。

那一年里有一些人去了巴黎，有些是去参观1900年世界博览会，有些在那儿定居下来，而毕加索、派亚瑞斯和卡萨杰玛斯也计划着要去。随着这一年的过去，他们的计划变得越来越实际。

风华正茂的毕加索，继续勤奋地磨炼着自己的技艺。他的那股青春的活力，仿佛喷涌的岩浆一般，迸发四射。

为艺术奔赴巴黎

　　正当毕加索踌躇满志的时候,家人却为他的前途担忧起来。父亲不希望自己的儿子整天与"四猫"俱乐部的"现代派"们混在一起,他唯恐儿子误入歧途。亲戚们也委托毕加索的好朋友规劝他,希望他不要过多地到"四猫"俱乐部去。连最信赖毕加索的母亲也来劝说他。

　　这真使他难以忍受了。他知道,家里人是希望他步入那条因循守旧的成名成家的道路。可是,在他那颗炽热滚烫的心底,却蕴含着一股强烈的意向,这意向究竟是什么,一时又难以解释清楚。

　　年轻的毕加索决定出走了。他要离开管束自己的家庭,走出还不够宽广的巴塞罗那,冲破那禁锢自己的一切。巴黎,早已是他心目中的艺术圣殿。到巴黎去,到世界画坛的中心去!他迫不及待了。

　　家人最终还是与毕加索和解了。1900年10月间,在父亲的勉强首肯和母亲的积极支持之下,他和卡萨杰玛斯动身前往巴黎，派亚瑞斯将在两个礼拜内赶去和他们会合。

"这一切所要花的钱，都是打哪儿来的呢？"沙巴泰多年以后问道。

"派亚瑞斯、卡萨杰玛斯和我共同分担。我父亲负责车票钱。他和我母亲送我到车站，当他们回家的时候，口袋里只剩几个零钱了。他们一直到了月底才把家用平衡过来。这是我母亲很久以后才告诉我的。"毕加索答道。

火车冒着烟，以惊人的速度向北行进，黎明时分，终于越过了比利牛斯山脉，最后开进了巴黎。他们背起画架、颜料盒和行李从三等车厢跳了下来，浑身都是煤灰。刚下车时感觉这里好像还是西班牙，因为月台上到处都是卡达浪和西班牙来的旅客和移民，但当他们都散尽之后，巴黎就在眼前了。

当时的巴黎肮脏得同巴塞罗那没什么两样，但是却到处充满着色彩。到处都有炫目的招贴海报，妇女华丽的穿着也比西班牙的黑衣耀眼，拥挤的街道到处都有被丢弃的宣传广告，时常会有粪车、马屎、汽油的气味儿飘散出来，到处都有马车铁轮驶过石板路面的吼声。

这是充满忙碌令人目眩的大城市。他们周围的人全都说着法国话，而毕加索一个字也听不懂。不过起码有一件事他知道：巴黎的艺术家都住在蒙马特尔，在那儿可以租到很便宜的住房和画室。

当他们正准备租下一间蒙马特尔附近的空屋时，毕加索碰到了正要赶回巴塞罗那的画家朋友诺奈。他马上把在巴黎的另外一端，蒙马特小丘上自己在加布耶路的画室出让给他们。

蒙马特尔虎踞巴黎城北，地势陡峭。曾几何时，巴黎公社的勇士们高呼着"英特耐雄耐尔"的口号，将年轻的身躯、满腔的热血，抛洒于此。而一代又一代的画师艺匠，也曾聚居于此，历经磨难，苦寻真经。

20世纪之初的蒙马特尔，还只是大巴黎的一个小贫民区。那些古老的葡萄园、荷兰式的风车，逐步消失殆尽。取而代之的，是沿着崎岖山路修筑的简陋的小旅馆，廉价的咖啡厅，普通的娱乐场所。

晚秋的冷雨，淅淅沥沥地飘洒在石头马路上，笨重的车轮底下发出"辚辚隆隆"的声响，凄凉的叫卖声，由近渐远，这使毕加索仿佛回到了童年的故乡，但它又比可爱的故乡多了一种大都市的味道，一种陌生的隔阂。

毕加索的几个朋友如今就蛰居在这里。他们较他先期而至。他们熟悉了这里的街头巷尾，学会了应付生活的法语，他们和咖啡店的老板交上了朋友，甚至还与画商有了无数次的交往。他们是一群年轻活泼、精力充沛而又不修边幅的人。他们对这位初来乍到的"本雅明"，伸出了热情相助之手。白天，毕加索四处游览参观，晚上，就与朋友们挤在一起。

毕加索在巴黎街上乱逛时才真正对活生生的艺术有了了解。有许多商业性的小画廊，里面特有的现代画作远远高于摆在店里的水平。

有位叫伯萨·韦尔的女店主，她曾经大力扶持年轻艺术家。20世纪所有著名画家的画作，从马蒂斯到莫楚克里尼亚，都曾出入过她的画店，她自己却从没有很多收益。她曾卖过一幅凡·高的美丽小画，只收了60法郎。

在1900年，人们对巴黎画展太了解了，每年"法国艺术家沙龙"都有许多画展，"国家美术协会"也会有许多画展，不过真正新的作品要在"独立协会"才能看得到。

巴黎不愧是艺术之都，各时代的名流大家集聚在这里，各艺术流派争奇斗艳，经济文化繁荣昌盛，充满了无限的生机和活力，与西班牙那令人窒息的守旧气氛形成鲜明的对比，这让初到巴黎的毕加索如鱼得水，感到自由和兴奋。

在巴黎这个五光十色的艺术天地里，毕加索如饥似渴地汲取着新的知识。他怀着难以遏止的进取心和求知欲，在这个新的艺术海洋里遨游着。他顾不上去欣赏埃菲尔铁塔的雄伟，也没有心思去领略凯旋门的壮丽。每天，他不是去参观国际美术展览，就是在美术馆里临摹名家的作品。即使走在大街上，他那双洞察一切的眼睛也不放过每一个可以入画的细节。

毕加索有太多要看的东西，包括卢浮宫的大量珍藏，世界博览会和新成立的大小文化宫的艺术展出。毕加索的第一目标，便是向往已久的艺术博物馆。他的五彩梦幻，就要变成现实了，他按捺不住内心的喜悦。

在卢森堡美术馆，他凝神屏息地观赏着印象派大师们的作品，他沉思默想着；在卢浮宫博物馆，他被古埃及和腓尼基的艺术风格深深地陶醉了，他满怀深情地注视着那些无名大师的心血之作；在克吕尼美术馆，他驻足良久，悉心揣摩品味着哥特式的精雕细刻。短短的10天里，他一鼓作气，跑遍了巴黎所有的艺术馆、美术馆，饱览了前代乃至有史以来的无数艺术家的众多杰作。

他被深深地感动了。他知道，在巴塞罗那，自己仅仅凭借着杂志、画册来揣摩作品，如今，呈现在眼前的都是一幅幅真迹，一尊尊原作,这怎能不使他激动无比呢?

他知道,只有观赏原作,才能更深一层地体会技法上的微妙变化,才能印证得自书本和画册的知识,才能修正一些名画复制品的色调……而最重要的则是找出自己今后在绘画上所要走的方向。

在这些作品前,自负的毕加索受到了极大的震撼,他再一次感到了艺术的博大精深,也明白了自己通向"世纪艺术大师"的路还很长、很长……

这虽然只是一次短暂的、行色匆匆的浏览,但大师们的杰作强烈地震动了他,几乎使他无法喘息。而如此众多的作品,仿佛一席盛宴,又几乎使他一时之间无法接受。他只感到一股艺术上独具的强大威力,径直逼到他的胸前。

巴黎就是一个大舞台,毕加索仔细地观察着,他手中的速写本上,记载着他所见到的一切:街头的咖啡馆、行色匆匆的行人、演马戏的小丑、奔跑的马车夫、路边的小贩……

此时的毕加索,恨不得自己多长两只手、两只眼,把他所见到的全都画下来。由于经济上的原因,毕加索住在巴黎的贫民区,这使他有机会了解到巴黎下层社会人们的生活。

在他居住的地方,有一个小舞厅,这是工人们在辛勤劳作之后休息放松的地方,毕加索也经常到这里来,并把这一情景用画笔描绘出来,创作了《烘饼磨坊舞厅》。这幅画很快就驰名巴黎画坛,成为他到巴黎后画的第一幅重要的作品。

毕加索的《烘饼磨坊舞厅》描绘了这样的情景:男女舞迷们在这里翩翩起舞;那些花花绿绿的汽灯,格外地引人注目;在灯光的映照下,女士们艳丽的服饰和男士们的礼帽上,都闪烁着斑斑点点的光亮。这里,"光线画家"的技巧一目了然。这是一幅具有印象主义传统的绘画,是毕加索模仿劳特累克的《红风车舞场》而作的。可见,这一时期,毕加索在艺术风格上受劳特累克等印象派画家的影响是很深的。同时,它也表现出年轻的毕加索善于把握新风格的能力。

毕加索以他特有的感召力很快就在巴黎结交了许多艺术界的朋友,有诗人、画家、画商等。

蒙马特尔虽然夜生活越来越多,但这里仍是郊外,一个很安静的小镇,有着未铺过的、绿树相夹的小路,抗拒市区扩张的葡萄园,还有一些真正的风车。这里甚至还有一片灌木丛生的荒地,人们在此用枪射杀野猫,而且把它们叫兔子。

毕加索步行走遍了巴黎,踏遍了南北的许多地方。他裹着一件厚厚的大衣,迎着北风,带着他的速写本从蒙马特尔郊外出发,奔向巴黎各处。

他走上一条新的繁忙街道,两旁正在盖着石砌的房屋。石匠一边工作一边哼着歌,街上到处是各种各样的商贩:推车子叫卖蔬菜的、背着玻璃筐到处找生意的玻璃匠、卖新补旧的桶匠,还有人推着锅炉大桶沿街喊着,看有没有要洗热水澡的人。

他将自己眼中的巴黎人,迅捷地反映在速写本上。他发现,巴黎人的生活是袒露的,是无拘无束的。有人在街头引吭高歌,有人在马路上接吻拥抱;衣衫褴褛的报童扯着嗓子叫卖,酒气熏人的车夫发疯似的甩动着马鞭。映衬在他们身后的是那些五光十色的广告和典雅华丽的建筑物。

还有一些巴黎人则很会享受生活的逸趣。在河边、街头、咖啡厅里，到处都有闲坐的人们。他们望着缓缓流动的河水，看着路边来往的行人，有时聊天，有时读报。没有人打扰他们，也没有人对他们投以奇怪的目光。他们享受着充分的自由。

难怪巴黎成了喜爱艺术的人所向往的都市。毕加索一边看着一边想着，一边画着。他的衣着和举止虽然与众不同，但也没有引起人们的注意。

塞纳河上有小汽船、水上巴士、驳船和其他船只。毕加索的脚步朝向繁华地带，这里有巴塞罗那从未见过的奢华，贫富的差别在此显得更为悬殊。在这里，有些人穿着褴褛衣裳，而另一些人却是戴着发亮的高帽。

艳丽的色彩充斥着各处，最显眼的要算那些多得数不清的兵士们，法国的武装部队有50万人，正在迎接一场不可避免的对德战争。他们大多穿着宽松的猩红色裤子，像是印象派画家在拥挤的大街上抹下的鲜艳色彩。

几十个卡达浪人住在蒙马特尔，其中许多是在"四猫"毕加索就认识的人，他们把他介绍给皮尔·曼雅克。曼雅克也是卡达浪人，由于偏好艺术，因此在巴黎做了画商，充当卡达浪画家和巴黎市场的中间人。他能说流利的法语，并且认识许多人，包括"现代艺术的好仙子"——伯萨·韦尔在内。

毕加索被曼雅克介绍给伯萨·韦尔，她马上买了毕加索3张画，一共付了100法郎，包括一张油彩和两张胶彩的斗牛画。而曼雅克很得意自己慧眼识英雄，便要求与毕加索订立合约。

当时这种合约在法国是相当普遍的，是艺术家把所有作品提供给一位画商，交换按月付给的稳定酬金。曼雅克提供给毕加索的是150个法郎一个月。这种收入绝不能使人富有，不过它代表了一日三餐衣食无忧，生活过得去。

可惜还不到一个月，毕加索就被迫改变了主意。这是因为与他同道而来的好朋友卡萨杰玛斯由于失恋而企图自杀，为了缓解朋友沮丧的心情，他决定和卡萨杰玛斯一同回马拉加过新年。于是，毕加索骤然结束了这次巴黎之行。

在巴黎举行画展

这次返乡，使年轻的毕加索更深地意识到，他的追求与家庭的期望是如此的格格不入，鸿沟已经从裂隙发展到断层，而且再也无法挽救了。

于是一过完新年，毕加索就告别了这些热情开朗、循规蹈矩的家乡人，离别了这块洒满阳光的热土，直奔马德里，再次踏上征程。

这次来到马德里，他已经不再是一个年轻学子了，而是一个到过巴黎、颇有见识的成年人了。在马德里，他结交了一个名叫索勒的巴塞罗那朋友，并与他合办了一个刊物《青年艺术》。

刊物的宗旨是宣传现代艺术，报道"四猫"俱乐部的活动。它还鼓舞"为自己理想而感到自豪的新一代起来反抗"，很有些革命的气息。

毕加索十分用心地去经营他的刊物《青年艺术》，他负责所有的插图和广告，广告中还推荐了他朋友的著作《马德里·艺术评论》，毕加索还为这本书画了插图，可是这本书一直没有出版。

在毕加索和索勒的努力下,《青年艺术》以图文并茂的形式面世了并受到了普遍的好评。

就在毕加索全身心投入刊物之中时,由于经费上的原因,《青年艺术》在办了5期之后不得不停刊了。

在马德里,毕加索的生活很艰难,他在哲班诺街租了一间顶楼的房间,此外他只买几件必要的家具:一张铺草垫的行军床、一张桌子、一把椅子。晚上仅靠一支插在酒瓶里的烛光来工作。

他忍受着有限的供水及光线狂热地作画。吃饭自然是既节省又简单,虽然抽烟却很少喝酒,开胃饮料是矿泉水。不过这种苦行僧的生活也有极限,寒冷的天气使他那地中海式的活力都麻痹了。

现代主义的气息也渐渐吹到了马德里,毕加索在巴塞罗那时早已接触过它,而在巴黎更是大量地吸收了它,他自己的作品有好一阵子早已超越了这个阶段。对毕加索来说,如果巴塞罗那显得土气,马德里则除了普拉多博物馆之外,简直就是艺术的沙漠。

马德里的春天将要来临了。虽然毕加索在马德里结识了不少有情趣的人,也卖掉了一些画。但到了5月的时候,他却放弃了他的《青年艺术》,还有他的阁楼、桌椅。年轻人蒸蒸日上的事业遇到了阻碍。

无奈之中,毕加索决定再赴巴黎。途经巴塞罗那时,他歇了一下脚。加泰罗尼亚的朋友热情而真诚,他们没有忘记毕加索,更没有忘记他那闪烁着天才之光的作品。在短短的几天时间里,朋友们还为他操办了一次画展。

展品多数是毕加索从巴黎和马德里带来的画作,大多是用蜡笔画成的。其中有《侏儒舞女》。这是一幅猛烈、狂野的作品，构思、着色、下笔都极其精彩，图中那粗鄙、难以名状地畸形女孩，让人乍见之下就兴起一种残酷的感受，但再看一眼就可发现在那明显的苛酷之下，有着深深的同情，这是一种无声的怜悯。

极具分量的批评家尤特里欧，在巴塞罗那的美术评论杂志上刊出了一篇赞美毕加索作品的文章：

> 毕加索的作品是异乎寻常的年轻艺术。是他对社会的洞察力、不放过这一时代弱点的眼睛下的产物，表现出美，甚至是丑恶的美，是一种因为画家忠实表现他真正看到的东西所产生的美。
>
> 这些展出的蜡笔画只不过是毕加索才气的一部分而已，这位艺术家会引起许多争议，但也会引起所有企图打破既有形象，寻求新颖艺术表现形式的人们的尊敬。

这是对一位不到20岁的画家的极大的鼓舞，但毕加索没有停留下来享受自己的成果。他很少参加自己画展的开幕式，这是因为，一方面在画展中，画家已经把自己赤裸裸地挂在墙上，超出自己的控制能力，并且也不能再改变什么；另外一方面是他得穿上最好的衣服站在那里，听陌生人提问："这幅画你想要表现什么？"毕加索对这一类的事情向来没有兴趣。

毕加索的目的地是巴黎，他要把大批答应过曼雅克的过期画作带去给他，因此只在巴塞罗那作了极短暂的停留。展览会结束后，毕加索便马不停蹄地奔向了巴黎。

到巴黎后，曼雅克邀请毕加索住在克利希大街130号他那不太宽敞的寓所里。他的寓所只有两间房，毕加索在较大的那间住了好几个月。《克利希大街》和《蓝室》就是这一段日子的纪念。

不久，曼雅克将毕加索引荐给巴黎的画商伏拉尔，此人在巴黎画界享有较高的声誉。他是一位伯乐式的人物，识别画才，独具慧眼。许多日后名震画坛的画家初出茅庐的作品，几乎都是首次在他的画廊里展出的。他不但乐意提携年轻的艺术家，而且很热情好客。

他常常邀请年轻的艺术家到他画廊的地下室里，共同进餐。在这间地下室里，来宾可以品尝到西班牙风味的菜肴，还可以喝到他珍藏多年的法国葡萄酒。

而最最重要的是在这里，他们还能见到老一辈的画家和一些有眼力的收藏家，他们可以自由自在地与这些人交流。因此，在巴黎生活的年轻艺术家都很尊重和热爱伏拉尔。

这次曼雅克协助毕加索挑选了65幅作品，请伏拉尔在他的画廊里展出。当伏拉尔看到毕加索的这些作品时，眼前忽然一亮，他一反自己常有的谨慎小心的作风，满口承诺，同意展出。

于是，毕加索近期的心血之作，便稳稳当当地挂在了伏拉尔画廊的墙壁上。这些作品，既有肖像画，也有山水画，既有室内画，也有街景画。它们较为全面地反映了年轻的毕加索各方面的才能。

1901年6月24日，这场展览开幕了，这是一个合展，还同时展出了巴斯克·埃乡里诺的作品，他30多岁。而评论家的注意力都集中在了毕加索的身上。

古斯塔维·柯奎欧特是最具影响力的评论家之一，他在评论上写道：

> 毕加索是一个美妙的画家，他对所画对象的提升证实了这一点。像所有纯粹的画家一样，他崇拜色彩本身，而每件物体都有它的色彩。
>
> 他爱所有的主题，对他而言任何东西都是个主题——花朵从瓶中腾跃的光线，花瓶本身甚至它下面桌子的跃动，还有那飞舞着、充满光线的空气。

这次画展带给毕加索的除了赞美之外，还收获了麦克斯·杰克卜的友谊。麦克斯·杰克卜是一位具有感受力、聪明而又一贫如洗的批评家、诗人和作家。他对毕加索的作品印象深刻，因而想方设法来结识毕加索。

25岁的麦克斯·杰克卜，看起来要比实际年龄大很多。他是个极具天分的人，吸引人、读书多、非常感性、口齿伶俐、害怕女人。他的父亲是个犹太裁缝。杰克卜在画廊留下一张赞美毕加索的字条，曼雅克知道后，便请他去拜访毕加索。事后他描述道：

> 跟我一样戴着一顶高帽，被一大群西班牙的穷画家围在中间，坐在地板上边吃边聊。在那些日子里，他每天画两三幅画，他把晚上的时间都花在音乐厅的布景后面，给那里的明星画像。

他们握着手，相互笑了笑，因为语言不通，便又紧紧地握了握手。杰克卜看了看那些画布，毕加索已画了好几卷。随后又出现了很多西班牙朋友。

这时拘谨消失了，有人煮了一些豆子，他们就散坐在一起吃着。晚餐结束时，除了毕加索，其他的人开始用口哨代替乐团，企图演奏一首贝多芬的交响曲。

第二天，毕加索和朋友们结伴回访杰克卜住的小房间。在他们漫长的讨论中，有些人离去了，曼雅克这个翻译也睡着了。毕加索和杰克卜注视着挂在墙上的道弥尔、加伐尼兹和杜勒的木刻。剩下的时间毕加索都在听杰克卜朗诵他自己的诗。告辞的时候已是黎明，杰克卜把道弥尔、加伐尼兹和杜勒的那些木刻全都送给了毕加索。

画展很快得到了评论界的赞赏和一些艺术家的承认。这正是毕加索梦寐以求的。他急于得到承认，急于获得成功，他恨不得让每一个人都知道，画界有个才能非凡的毕加索。

躁动的心，使毕加索变得急不可耐了。可是，上帝没有使他如愿。展品一幅也没有卖出去。当初满怀希望地挂上去，现在又遗憾地全部收了起来，伏拉尔同情地说："画家连买个画框子的钱也没拿到。"

那一年的冬末，萨巴提斯为了找毕加索特意来到了巴黎。这里的许多事都让萨巴提斯非常惊讶：巴黎一片大雾，昏暗的太阳下，上午10时，毕加索就在车站等他了，平常这个时候毕加索还在睡大觉呢！当毕加索把他带到克里奇大道的住处，给他看最近的画作时，萨巴提斯更是惊讶不已。

他在巴塞罗那所认识的毕加索似乎完全变成了另一个人。这些作品中有一些猛烈的、色彩鲜艳的图画，是毕加索自己的视野和凡·高的融合的产物；一些人像，色彩斑驳得像扑克牌里的一些丑角，悲伤而孤独的人物；另外还有卡萨杰玛斯的画像，有活的有死的，有在开启的棺木边的哀悼者，在一幅《卡萨杰玛斯的葬礼》的巨幅画作中表现得酣畅淋漓。

此外还有一些好像来自另一世界的作品，一幅印象派的克里奇大道，还有几幅令人满意的静物。所有这些中最重要的是，属于毕加索的整个世界都渗入了蓝色。

画商曼雅克却是颇为沮丧，因为毕加索的画风越来越不可捉摸。毕加索从巴塞罗那带来的斗牛画，还有在克里奇大道头一个月的作品都十分令人赏心悦目，这时的毕加索是个值得他身上投资的画家。但现在，没有人会买这些蓝色的画作。

那时，毕加索身旁有一大群愉快的、可亲的伙伴，但他只能和麦克斯·杰克卜谈他画里更深一层的含义，这是因为语言的障碍束缚了他。毕加索已经学了一些简单的法语，不过还绝达不到艺术交流的目的。其实对他来说，即使他能讲出流利的法语，但任何词语所能表达的思想也不如一张图画。

在巴黎停留的最后一段日子里，毕加索画了一幅自画像，画上是一个裹在黑色大衣里的半身男子，严肃的大衣和近黑色的头发和他苍白的面孔形成强烈的对比。他有一圈胡须，一些杂乱的小髯，而他特大的眼睛深深地下陷，注视着远处。这张脸上深深地刻画着磨难、怀疑、内在的冲突以及不快乐。

在谈到这幅自画像时，萨巴提斯说："他相信艺术是悲伤和痛苦的孩子，他相信不快乐适合于沉思，而痛苦是生命的根本。"

所有看过毕加索这张自画像的人，都对这些话给予认同。

贫困潦倒的生活

毕加索的好朋友卡萨杰玛斯还是迷恋于情爱之中而不能自拔。他抱定了一个"有情共存，无情同死"的念头。一天，他特意安排了一个告别人生的晚宴，请来了自己单恋的姑娘，又请了另外两个朋友作陪。席间，他竟开枪自尽而死。

听到这个噩耗，毕加索简直不敢相信，一个鲜活的年轻生命难道就这样猝然结束了！他和卡萨杰玛斯的亲密情谊，历历在目，恍如昨日。

卡萨杰玛斯是他作品的热心观众，也是他的忠实听众，他最喜欢听毕加索只对他一人讲的那些美好的幻想。他们俩曾经同租了一间画室，一起把自己对快乐生活的想象描绘在空空的墙壁上。卡萨杰玛斯画上了一张大大的床，毕加索画上了一张大大的桌子，桌子上面画满了各式各样的美味佳肴。

卡萨杰玛斯又添上了一个精明能干的男仆，毕加索再添上一个矮小敦实的女佣。笔止画满，两个朋友四目相对，禁不住开心地笑起来。

好友的音容笑貌任在眼前，他甚至任能感觉到他身上的热气、他的气息，可他怎么就倒下了呢？毕加索甚至不敢面对好友"死去"的事实。他提笔画下了卡萨杰玛斯瞑目安睡的头像。一层层红黄色的烛光，辉映在他那平静而哀伤的脸庞上。毕加索试图用自己虔诚的画笔，保佑好友平安地升入天堂。

但是，卡萨杰玛斯的死毕竟是一个惨痛的事实。毕加索痛感人生道路的坎坷不平，于是，他又以一种极度悲愤的心情，绘制了《卡萨杰玛斯的葬礼》。他仿效埃尔·格列柯的《奥尔加斯伯爵的葬礼》，把构图分成了上下两个部分。下部是送葬哀悼的场面，上部是死者的灵魂骑着白马升天的情景。全幅画以一种阴冷、悲哀的蓝色色调涂抹而成。这幅画寄托了毕加索对好友的哀思，也反映了他对生与死、死与复活的深沉思考。

画的主题是一群送殡者，低着头，站在一个盖着寿衣的男尸周围。但这些悲伤的送殡者和裹着寿衣的尸体，在万里长空之下显得很矮小。在一片烟雾般的混沌之中，一些神话中的人物飘浮在云雾中。当中的一匹白马同下面那件白色的寿衣相呼应。

骑在马上的一个黑影被一个用双手扶着他的女人几乎完全遮没。周围还画有三群女人：母亲及其子女；两个拥抱在一起的女人；一群坐在一片云雾上的裸体女孩。在这幅画上，那雕像一般的人物形象标志着一种比较独特的新风格的诞生。

画中人物那种遮盖在外衣的深蓝色里的拘泥的举止，加重了他们的悲伤程度。他们僵硬死板的样子就像是幽禁在岩石中间和树林里的幽灵一般。印象派画家那样微微发亮的空气光线在这里被一种实在的形式取代了。这幅画最先反映出毕加索对雕塑形式的新发现和他本人的象征主义的开始形成，标志着他的青年时代的告终以及摆脱家庭影响的胜利。

　　1902年1月，由于经济上的困难，加上寒冬的到来，毕加索不得不再次离开巴黎，回到巴塞罗那。他在巴塞罗那停留了八九个月，继续画些以蓝色作为主要调子的绘画，题材带有浓厚的感伤色彩。但是，毕加索在巴塞罗那得不到理解，他早已体会到这里的画家与巴黎的诗人和评论家之间在知识水平方面的差距。

　　在巴塞罗那逗留期间，毕加索随时都在工作，形成了一种固定的生活规律：起得很晚，工作一整天，然后到"四猫"或其他小酒馆去，聊天到天亮。当最强健的人都开始回家睡觉了，他还会在微寒的晨风中四处漫步。

　　毕加索这几个月的作品还都是延续着巴黎时期的风格，而且发展得更加彻底。当然还是蓝色的，而且重复着单一的形象。作品中的物体有所简化，外面的轮廓有所加强，而单一的色块取代了细节。还有，他作画的对象包括乞丐、赤贫的抱着孩子的女人、瞎子、疯人、流浪汉等。这似乎是对社会的抗议。

　　毕加索对贫穷、饥饿和孤独，有自己的表达方式，知道自己想表达什么。他常与城里的工人阶层有密切的接触，那些工人的工作情况如此不堪忍受，以致在他刚回来的那个月中就发生了好几次暴动，后来又开始了全面性的罢工。

　　政府当局派了韦勒将军来处理巴塞罗那的情况，而韦勒将军采取了鲁莽的压制手段，最后导致了政府的垮台。不过几周之后他们东山再起，把工人阶层压迫到无以复加的程度，并将他们中的一些分子处决或关押起来。

　　他十分想念在法国的一些朋友，如诗人麦克斯、耶科，他们不但了解他和他的作品，并且能给他以新的鼓励，这样一来，他对巴塞罗那更加不满了。于是,他准备再次离开祖国,到那种较能激发创作灵感的环境里去。但是对祖国的依恋之情,令他犹豫了几个月,直到1902年夏末,他第三次来到巴黎。

毕加索对这一次来巴黎抱着很高的期望,因为前两次来虽然没有赚到很多钱,却已交了一些朋友,建立了很多关系,对一个年轻画家来说前途充满希望。

这个异族异乡的西班牙画家,在自己的祖国已是小有名气,颇有前途。但他并不满足于此,他有着更为炽烈、更为远大的追求,正因为如此,他才来到了这个自由的艺术世界。

但这一次好像一切都不顺心,没有一件事称心。他先是在拉丁区的艾克斯旅馆落脚,跟他所有的朋友都相隔甚远。

杰克卜曾当过一个律师的书记,一个律师的秘书,还做过保姆、钢琴教师和艺术评论家,目前正靠给一个小孩当家教来维持生计。不过现在情况有所好转,他的一位有钱的亲戚在伏泰尔大道开了一家商店,找他去做底层的店员。

杰克卜在附近租了一间第五层楼的小房,没有暖炉,而且只有一张床,不过他还是邀请毕加索一起来住。

巴黎的寒冬,北风凛冽,而他们的屋子里却没有炉子,没有灯火。那时,毕加索一张画也卖不出去,他生活在饥寒交迫之中。

毕加索一直喜欢白天睡觉,晚上在灯光或烛光下工作,所以等杰克卜从店里下班回来要就寝时,他才起床,然后画上一整晚。

有一阵生活过得比较舒适,他们有豆子和煎蛋卷吃。不过杰克卜不是一个适合固定职业的人,虽然和店主有亲戚关系,可是他在店里表现得并不好,又是那么贫困潦倒,所以他还是被开除了。

毕加索经常谈起的一件往事,可以说明他们当时的窘迫境况:有一天,他们用最后的几枚铜币买了一根香肠,这根香肠看上去又大又肥,他们急忙赶回家去烧来吃。哪知香肠放在锅里一烧,突然爆裂了,除了闻到一股臭味之外,什么也看不到了,这自然没能为他们充饥。

就在这种窘境下,毕加索最为看重、最为心爱的作品,也被迫成了应付生活的代价。他用画幅换来一件御寒的衣裳,用画幅换取一张车票。他还用画布堵住北风侵袭的墙缝,用绝好的素描纸烧火取暖。

然而,他的勤奋、他的虔诚、他的穷困,并未为他抛洒下慈悲的甘露。上帝似乎还要让这个年轻人继续承受切肤之痛。面对这一切,年轻的毕加索默默地承受着,他似乎预知,这是必定要遭遇的,是不可避免的。

在冬夜微弱的烛光下,他仍然顽强地绘制着自己的作品。正是在这个时候,他发现,自己平生偏爱的蓝色,最能完美地表达出此时胸中的情绪。于是,他在调色板上涂满了深浅不一的蓝色。他这一阶段的创作生涯,被人称为"蓝色时期"。

这时,伯萨·韦尔夫人特意为毕加索举办了一次画展。伯萨·韦尔夫人也是一位热心提携年轻艺术家、颇有见地的画商。她个子矮小,精力充沛,年轻的艺术家都称她为"伯萨妈妈"。为办好这个画展,她专门请来一个评论家写了一篇介绍文章。在文章里,这位评论家赞扬了毕加索的作品"能使我们先睹为快,迷恋于那种在调子上时而粗犷奔放、时而细腻老练的卓越的绘画技巧之中。"

　　画展的第一天,毕加索的亲朋好友都来观看了。他们以行家的眼光,从构思列图到运笔用色,都端详审视,甚至有些挑剔。最后,毕加索的作品还是征服了他们。他们赞不绝口,佩服毕加索的独特才华。只是,没有一个人掏腰包购买作品。这给毕加索本来就抑郁的情绪上又添了一抹沮丧。他开始怀疑自己的才华在巴黎得不到施展。

　　虽然伯萨·韦儿夫人那一年里为他举办了3次画展,然而,一直也没有人买毕加索的画。1902年12月,查理士·莫利斯在其所撰写的评论中对毕加索加以赞扬:

　　　　这位年轻人的所有作品中出现了不凡的、孤绝的悲伤,这是无可限量的作品。毕加索,他在认字之前就开始绘画,似乎担负着表达一切存在事物的任务,而他就用画笔来表达它们。
　　　　可以说他是一位想要重整这个世界的年轻人,但却是一位忧郁的人。他所画的数百张面孔都是苦痛的,没有一张带着笑容。这是无可挽回的吗?我们不清楚。但毫无疑问的是,他的作品蕴藏着力量、才能和天赋。

困难中坚持作画

到1902年年底，因为毕加索的作品一直无人问津，加上麦克斯·杰克卜的失业，继续留在巴黎已不可能了。于是，毕加索怀着无奈的心情，于1903年1月回到了巴塞罗那。

毕加索回到巴塞罗那以后，仍然摆脱不了卡萨杰玛斯的阴影。他在过去与卡萨杰玛斯同住的一间画室，处处可见往日熟悉的景物，甚至他们画在墙壁上的家具和仆人也都还在。但如今物是人非，让他深感悲痛。

毕加索酝酿着这一时期最重要的作品，他开始画一连串的草图。有一幅画被很多画商和评论家一致命名为《生命》，虽然人们对它的含义有各种解释，但不容置疑的是，这幅画与卡萨杰玛斯的死有很大关系。

毕加索渴求的艺术是创作，这才是他生命中最最重要的、唯一值得留恋的东西。他不能被苦难所扼杀，他要主宰自己的命运。于是，苦难成了他创作的源泉，他开始满怀着倾诉的渴望，拿起了画笔，蘸满了深不可测的蓝色油彩，描绘出一幅又一幅令人钦佩、扣人心弦的作品。

《生命》这幅画起草虽然很早，却在1904年初才真正动笔。毕加索为此做了各种各样的准备，他去找派亚瑞斯、沙巴泰和"四猫"的那些朋友，还有许多其他人，把以前生活的线索点点滴滴地收回记忆。

这是毕加索颇费苦心构思的一幅画，是许多幅习作的结晶。画面上一个年轻的女子正偎依在一个男子的肩头，他们的对面站着一个怀抱婴孩而面带怒气的妇人。那个男子看上去很像是卡萨杰玛斯，他正用手指向那个妇人。

这两组人物的背景是两幅模拟凡·高和高更画风的习作。上面一幅是互相拥抱的裸体男女，下面一幅是垂头蹲着的孤独女人。整幅作品含有男女之爱、母性之爱、孤独与绝望等多种寓意。在年轻的毕加索眼中，人生和爱情乃是一个苦恼而难解的谜语。画中所用的那种低沉的蓝色，加强了画面压抑和沉闷的气氛。

《生命》是毕加索蓝色时期最大幅的油画之一。关于这幅画，毕加索日后这样说：

> 《生命》这个名字不是我取的，我根本无意去画一些象征，我只是把我眼前浮现的景象画下来而已，替它们寻找隐藏着的含义是别人的事。
>
> 据我所知，一幅画本身就足以解释它自己。一切都表达得很清楚，作那么多解释有什么用呢？

除此之外，他还画了一些充满了神秘莫测的蓝色调的佳作，其中尤以描绘盲人生活的那几幅作品令人心颤不已。《老吉他手》那骨瘦如柴的四肢,沉沉低垂的头颅,都使人感到生活的重压。而他那树枝般弯曲的手指,正在弹拨人世间最悲哀最无奈的音符。

另外一幅《盲人进餐》,在阴暗的蓝灰色背景下,一个孤苦无助的盲人,正努力瞪着那两只深深凹陷、一无所视的眼睛,用细长的手指,颤颤巍巍地摸索着桌上的水壶。

还有《年老的犹太人》、《拿扇子的女人》、《便饭》,都将盲人的悲惨生活,常人难以体会的痛苦内心,淋漓尽致地展现在人们眼前。

1903年,巴塞罗那的政治局势影响到了毕加索。学生革命运动的兴起,迫使政府当局关闭了大学。一年里就有73次罢工,有的还伴随着暴动。政府当局镇压的手段粗暴而残忍,充满血腥。失业率增加,穷困工人、流浪汉、老人、残疾人的命运变得更加悲惨。这些情况在毕加索的画中都反映了出来。

这时,毕加索的目光越来越集中到生活在社会底层的穷苦人身上。熨衣妇、卖艺人、乞丐,一个个成了他笔下的人物。他同情他们,理解他们,尊重他们。他深知自己的社会地位、生活处境与他们相差无几。在用画笔描绘刻画他们的时候,毕加索也将自我的形象、自己的情感全部倾注其中。这种"画中有我,我于画中"的创作境界,使他的作品产生了一种动人心魄的力量。通过这些创作,年轻的毕加索更深刻地领悟到:"艺术是悲哀和苦恼的女儿。悲哀是冥想的温床,而苦恼则是人生的本质。"

蓝色时期的作品中也有感情不太强烈的题材。这一时期有很多描绘儿童的绘画。毕加索一直很喜爱儿童,他最喜欢怀抱婴孩。他对这一题材的处理，虽然流露出感伤色彩，但笔墨奔放，轮廓粗犷而有力。

尽管在巴塞罗那有良好的居住、生活条件，但毕加索并未感到满足。因为他最需要的是一种能向他提供创作灵感和绘画所必需的安定生活的精神上的氛围。而能够满足他这种精神需求的只有巴黎。于是，在1904年4月，毕加索又一次离开了巴塞罗那，回到巴黎，并定居在那里。

可以说，毕加索的全部画家生涯是在巴黎开始的。他知道，自己祖国的闭关自守，只能以其强大的惰性力量，阻挠他的想象力的发展。他在巴黎的生活是和画画分不开的。他每天都是靠两只眼睛度过的。他那日益敏锐的目光会引导他去施展伟大的才能。

这次，他搬到了蒙马特尔山上的一间破旧的画室里。在蒙马特尔山西南面，有一个埃米耳古多广场，在那儿可以看到一栋奇特的房屋，住在这里的客人从街上过来，必须先走过上层甲板，再沿着弯弯曲曲的楼梯与黑暗的过道走下来，才能进入房间。房屋的顶层基本与地面相平。

由于它的外表很像停在塞纳河上的洗衣船，麦克斯·杰克卜就叫它"洗衣船大楼"。其实，这栋房子既没有水，又不卫生，"洗衣船大楼"的美名更多的是讽刺和自嘲。

如此破旧不堪的建筑，连保险公司也不敢冒险承保，但在两个世纪的交替之际，它也许比巴黎市的任何富丽堂皇的高层建筑都重要，都让人肃然起敬和回味无穷。因为这里住过高更等那一代有名的画家和作家。如今，毕加索等又住了进来。

这座公寓只有几间顶楼和一个地下室。这里聚居的是一群穷人——画家、雕塑家、作家、演员，还有一些洗衣妇、裁缝和菜贩子。

房子里冬天像冰窖，夏天像蒸笼。意料不到的事，随时都有可能发生。有人曾从积雪的楼顶上跌滑下来一命呜呼。有人曾从高高的窗口里，狂怒地扔出燃烧着的煤油炉。它的嘈杂与肮脏，可想而知。

不管怎样，毕加索在巴黎总算有了一间属于自己的画室。他将所有的窗户框都涂上了蓝色的油彩。他喜爱这个颜色，尤其是在这个时期。屋子里穷得连电灯也没有，朋友们来访，他只能点上蜡烛，将友人引进这个蓝色的世界。

毕加索的邻居都是一些天性快活、知命乐天的人。和他们相处在一起，毕加索的情绪也慢慢开朗起来。他们友好相处，互相帮助。邻居们常常送来一些吃的、烧的，来接济吃了上顿没下顿的毕加索。

毕加索在空闲时，也常常和孩子们在一起。他蹲在地上，耐心地教他们画画。他好像又回到了自己的童年。他用一支树枝做笔，在松软平整的土地上，画出了一根连续不断的线条，笔端随之变化出了鸡、鸭、马、兔。孩子们看到这种变戏法式的表演，都高兴地尖叫起来。毕加索也受到了感染，拍着孩子们的肩膀，哈哈地笑起来。

在底层长走廊的尽头是毕加索的画室。他在这里认识的几乎都是西班牙或卡达浪人，包括彼克特、罗卡洛，还有当时很有名的苏洛加，当初教他做第一次蚀刻的康纳斯以及杜利尔和马诺洛。

毕加索和马诺洛之间的友谊保持了一生。毕加索欣赏马诺洛的雕刻，马诺洛欣赏毕加索的绘画，但他们的友谊不仅限于此。马诺洛是个私生子，比毕加索大10岁，他很小的时候就在巴塞罗那的街上讨生活，生活的磨炼让他变得十分精明和坚强。

马诺洛非常乐观又极其机智，所有与他相识的人对他都很友好。对他来说，毕加索永远都是小弟弟，而毕加索跟他在一起时永远都很快乐。

一天，雕塑家帕克听说毕加索又断炊了，便揣上一块面包、一瓶酒、一罐沙丁鱼来到毕加索的画室。他把这些食物悄悄地放在画室门口便走了。不一会儿，毕加索起床后，发现了这些可爱的宝贝，他大呼一声："感谢上帝！"不及细想，便狼吞虎咽起来。

年轻的画家们为了能弄到几个安慰饥肠辘辘肚子的法郎，常常要抱着一捆画跑遍所有的画店。

有时，一张画也卖不出去，有时，还能碰上点儿运气。在他们的买主中，有一个被大伙称为"索利埃神父"的商人。他从前是个摔跤手，块头大，力气足，后来，他放弃了摔跤，改行经商了。他开了个古玩店，兼营绘画作品。他凭借着自己天生对绘画的爱好来选择作品。据说，他还发现过雷诺阿、罗梭，甚至哥雅的作品。

但他毕竟是商人，穷画家靠他是发不了财的。如若想从他那里换得几个解决燃眉之急的法郎，还得看机会。当他明白了你的用意时，往往把画价压得特别低。

一次，在一个酒吧里，他仅出20个法郎，就换回了毕加索10幅精彩的素描。毕加索迫于生计，只好同意交换。而画一出手，他往往要伤心难过好几天，发誓哪幅画卖了好价，再把他的爱物赎回来。

在蒙马特尔，毕加索最亲近的画家都是一些有创见性的年轻人。他尊重他们，但又不被他们的见解和行为所左右。

他的朋友们，一有机会便展出自己的作品，毕加索却一再拒绝公开展出自己的作品。对朋友们的画展他也去观看，但他更感兴趣的则是朋友们的创作活动。

甚至在朋友相见时，毕加索第一句话总是问："近来画画吗？"而不是"你是否在办展览？"也不是"你卖掉了什么作品？"

毕加索喜欢在晚上工作，而且常通宵达旦，由于他居住的地方没有汽灯和电灯，所以他在1909年以前大部分作品是在油灯下完成的，他把油灯吊在头顶上空，蹲在地上的画布前面工作。

但是，在早期他往往连灯油都买不起，于是他便左手拿着蜡烛，右手画画。

毕加索在晚上创作的重要原因是他特别需要安静的工作环境。他作画时通常不允许别人在场，以使自己能够集中精力。然而凡是得到许可看过他作画的人，都会被他画画时的专心所感染。

无论他所画的作品重不重要，他都会全神贯注地去画。他神思恍惚地拿画笔画出每根线条，而线条总是很有把握地恰巧出现在最需要的地方，就好像有种魔力附在了他身上一样。

虽然毕加索在工作时是需要安静的，但他的生活中从来不能没有朋友。由于他喜欢文学，因此，他有着不少文学界的朋友。毕加索喜欢诗人，诗人们也非常喜欢他，他的才智和热情使他在诗人们中的威信不断提高。

诗人朋友们那种澎湃激荡的热情，千奇百怪的臆想，常常刺激着他，感染着他。每当这个时候，他的脑细胞分外地活跃，他的灵感呼之欲出。诗人成了他画室里的常客，他们在一起像一群无忧无虑的孩子，互相开玩笑、恶作剧、装疯卖傻。

毕加索很欣赏他的诗人朋友们那慷慨激昂和很有见识的谈话以及他们对其作品的了解。毕加索通常总是保持缄默，只在兴致勃发时，才插入一些惊人之语。他似乎老在不断地注视他们，目光在他们中间迅速地转来转去，倾听他们的谈论，敏捷地领会他们的意思。

相反，他的朋友们大部分极其健谈，唠叨不休，热情洋溢。朋友们依恋毕加索的原因则在于他善以神秘的态度泰然自若地控制自己的才能和青年的热情，善于在谈话中妙语惊人，在作品中淋漓尽致地表达自己。

他们经常到他的画室聚会，于是其中有人提议在门上挂一块"诗人之家"的牌子。

从1901年至1904年，毕加索3次往返于巴黎和西班牙之间，寻求艺术真谛。他不断探索、尝试、追求着，把自己这几年的感受用画笔表达出来。

代表作有《蓝室》、《生命》等，其作品的内容多是反映苦难、悲伤、忧郁、苦闷的。画中的人物多是纤弱的体形，忧郁的表情，姿态毫无动感，神态疲乏伤感，反映了毕加索当时苦闷悲观的心情，也是当时时代和社会的艺术写照。

粉红色时期的创作

毕加索在"洗衣船大楼"的生活发生了重大变化,变化是由于一次"粉红色的奇遇"。这次奇遇的主角就是一个叫费尔南多·奥莉维亚的女人,她是"洗衣船"中的另一个住客,是一个被神志不清的雕刻家丈夫遗弃的法国女人。

她常常看到毕加索跟马诺洛在一起谈笑,在小庭院的树下和西班牙朋友聊天,有时还和当地的小孩儿在灰里面画小鸡、兔子。她觉得奇怪,不知毕加索还有什么时间来工作,后来才发现那是在夜里,油灯或烛光的照明之下。

一天午后,毕加索被暴风雨浇回到"洗衣船"。当他正要转身回画室时,昏暗的楼道里,又冲进一位避雨的姑娘,她正是费尔南多·奥莉维亚。她虽然浑身湿透,但那天使般美丽的光彩并没有被浇灭。一股健康活泼的青春气息,从她湿淋淋的身上徐徐地散发出来,尤其是那双含情脉脉的眼睛正闪烁着迷人的神采。毕加索禁不住满怀爱意地注视着眼前的姑娘。

他热情地邀请姑娘到自己的画室去看看。姑娘微笑着点了点头。她一走进画室，便看到堆放在墙脚的那些巨大的蓝色画幅，还有满地的烟蒂和一些开着瓶盖的颜料。

费尔南多对画室看得多了，却没有看过像这样的，不只是因为它的杂乱，更是因为里面的一大堆画。它们全都是蓝色的。她虽然觉得有些不健康，却还是很喜欢。

画室里还有一幅蚀刻。刻的是一对羸弱的夫妻坐在桌子前，桌子上放着一个空杯子、一个空盘子、一个酒瓶和一块面包，那个饥饿的男人的手臂围着妻子的肩膀，另一只手握着她的手臂，他的脸却转向旁边。这一幅《淡薄的一餐》是后来极为著名的蚀刻。

此后，费尔南多满怀着好奇和希望，走进了毕加索的生活。她为他打扫居室，料理生活，抚慰他那种时而沮丧时而激昂的情绪。

毕加索和费尔南多的陋室位于洗衣船大楼的顶层，里面有一个放颜料的木柜，一张从旧货商那里买来的普通小圆桌，一张当床睡的长沙发，一个画架。原来的画室被分隔开，形成一个密室，放着一件类似床的东西，这里就是他们的"卧室"。

这时，毕加索背井离乡，再加上经济上的拮据，他的心情十分沮丧。费尔南多的到来，填补了他精神上的空虚、亲情的空虚、钱财的空虚和社会地位的空虚。

毕加索在家里，最需要的还是费尔南多女性的特长。如果毕加索不拿起画笔，那他简直就像个小孩子，他好吃、好玩、好恶作剧，好把家里弄得乱七八糟。

费尔南多是个出名的懒妇人，但毕加索却能让她勤快起来。她能在一只烧石蜡的小炉子上做出各式色香味俱全的饭菜。她还很会算计，每天花钱不超过两法郎，就能使毕加索和他的朋友们吃饱喝好。

她还会利用妇人的小聪明拖还欠款。她约店家派人把食品送上门时，她就朝门口喊道："喂，把东西放在门口，我现在还不能去开门，我还没穿衣服呢！"店员不离开，这衣服就永远不会穿上。这一着还挺灵，往往能够赊几天的账。

费尔南多最大的优点，是她能接受毕加索的贫穷和他那些穷朋友的吵闹。费尔南多没有鞋子穿，很长时间走不出画室，只好用大批旧书来消磨时光。

在冬天的时候，他们没有钱买煤炭，就只能钻进被窝里取暖。有个邻居是经营燃料的，当他听说了这种情况，免费送来一箱煤炭，他被费尔南多的"一双眼睛迷住了"。

毕加索被天生丽质与开朗乐观的费尔南多改变了，他深藏在骨子里的诗人气质和顽童秉性在费尔南多的庇护下表现得淋漓尽致。但她却拒绝了毕加索的求婚，她碍于自己坎坷的经历，也了解毕加索多变的性格，她宁愿和他这样宁静的、浪漫的、不受什么约束地过下去。因为，她知道毕加索是无法约束的。

毕加索很喜欢费尔南多，喜欢她的音容笑貌、她的穿着打扮，喜欢她潇洒风雅地戴着松软帽的样子。只要他手头有点儿钱了，他就马上买来一瓶香水送给费尔南多。他知道费尔南多最喜欢的礼物就是香水。

费尔南多的出现，给毕加索的精神和生活增添了无穷的快乐，费尔南多健康乐观的态度影响了悲观抑郁的毕加索。此时，毕加索的心情，变得轻快、深沉，已含有深深爱意和淡淡的忧伤。

他的这种心情的变化，很快地反映到作品上。那种抑郁悲哀的蓝色渐渐地消退，暖洋洋的粉红色慢慢多起来。他所描绘的人物逐渐有了古典人物画中的血色和丰润感。

他绘画的主题也从城市的咖啡馆、贫民区，转到富于浪漫气息的乡村道路和田野以及杂技演员身上。从此，他的创作进入了"粉红色时期"。这一时期的绘画作品，色调较以前更加柔和，轮廓更加鲜明，人物形象的处理把握得更有分寸。

1905年3月，查尔斯·莫里斯撰文评论毕加索说："与早期作品相比，他更加敏感和成熟。以前他更多的是沉湎于悲哀之中，而其中并不含有同情。"

那段时期，在"洗衣船大楼"的附近，有一个叫作"梅德拉诺"的马戏团。毕加索在朋友们的影响下，经常去看他们的演出。一块不大的空场地上，在稀稀拉拉、随来随去的一群人中，这些江湖艺人开始表演了。他们变戏法儿、耍猴子、跑马术。在花里胡哨的节目里，毕加索最爱看的就是小丑的表演了。

厚厚的化妆粉已经把演员的五官夸张成另一副模样，衣帽鞋裤也完全不成比例，五彩菱形的服装，使小丑的形象显得稚拙可爱。再加上那些滑稽的动作，很快便驱散了笼罩在毕加索心头的忧郁。

但毕加索并不醉心于此。他常常绕到场子的后面，在绿荫中，悄悄地观察着这些流浪艺人的幕后生活。他们居住的帐篷已经完全褪了色，有的地方还打上了补丁，尤其是帐篷的底部，已经变得毛毛糙糙的了。

在一面敞开的帐篷里，他忽然发现了那位小巧玲珑、身轻如燕的马术演员。此刻的演员，在马背上光彩夺目的形象已经荡然无存。她的金发疲软地垂在肩头，那优美的身段，此刻正袒露着一对不太丰满的乳房，哺乳着怀中小猫似的婴儿。那双精制的软底鞋也不见了，一双赤裸的脚，正叉开5个趾头，摊在地上。他心里不禁为这种悲苦一震，移开了目光。

但是，他所看到的其他艺人，几乎都是这种样子。台上，他们精神抖擞，光彩照人；台下，他们则疲惫不堪，四肢无力。他们的面色白中泛黄，目光冷峻凝滞。

看到这些，毕加索明白了，这些以卖艺为生的人与自己，与那些穷画家、穷诗人的处境是十分相似的。在红尘滚滚的巴黎，他们同样受到歧视，受到冷落，他们同样填不饱肚子。

所不同的是，这些人又多了一层浪迹天涯、东奔西走、无家可归的忧虑。毕加索的心被同情和悲悯淹浸着，一种用画笔来反映他们的强烈愿望撞击着他的心扉。他立即在街头树下，用炭笔勾勒起他们。

回到画室，他又拿起油画笔，继续不停地塑造他们的形象。他把自己的情感，自己和朋友们的身影，一股脑儿糅了进去。这些作品，比起前一时期的乞丐的作品，在色调上虽然明快了，但反映的并不是人生的欢乐，仍是一种淡淡的哀愁。

在一系列精彩的作品中，特别受到朋友们喜爱的是《踩球的少女》、《卖艺人家》、《家马里孩》等。

《踩球的少女》画的是一个苗条弱小的少女正踩在一只大球上，她努力支撑着身体，试图保持着平衡。她的对面是一个坐在木箱上的强壮的男人，他正以严肃的目光，注视着少女。画的远景是一个女人带着孩子，眺望着远方，那里有一匹白马正在干枯的草原上觅食。

画中的两个主要人物有着鲜明的对比。躯体庞大的男人是以垂直与水平线的静态处理，而少女则以优美的曲线表现动态。庞大与苗条，静的表情与律动的优美，在画面上形成了美的对比。另外，线与面的表现，以及色调上的微妙对比，都是这幅画的成功之处。

《卖艺人家》则描绘了流浪艺人四处漂泊的生活。他们在一个地方演完后，便整理好简单的行装继续上路，到另一个地方演出。这一群在旷野上歇息的艺人中，有一位身穿红衣服的上了年纪的胖胖的小丑。以他为中心，右边有两个少年杂技演员和一位文雅俏丽的女演员。左边站着一位背向观众的花衣小丑和一个手提花篮的小姑娘。

这幅画虽然没有追求情节，但却反映出了卖艺人家的清苦和孤寂。这是毕加索继《生命》之后，对人生的又一次描写。它也是画家以流浪艺人为主题的作品中，最有代表性的一幅群像佳作。

这时候，毕加索的画技又有了进一步的提高。他已经可以不需要模特固定在一处，一笔一画地摹绘了。他作品中的那些流浪艺人，实际上并没有被请到画室里，而是他亲临现场，经过较长时间的观察，再回到画室，凭着自己的记忆力来创作的。

他越来越喜欢一个人安安静静地进行创作了。每当他握住调色板，拿起画笔，站在画架前面的时候，他的神情立即变得庄严而神圣，他的精神全部贯注到画面之中，他的心灵唯有正在塑造的对象，周遭乃至世间的一切都已不复存在。

同时，他也越来越喜欢通宵达旦地工作。或许这是由于西班牙人的习惯在他身上难以消除。他喜爱这种四周漆黑、万籁俱寂的时刻，喜爱这种人人皆睡、唯我独醒的状态。每到这一时刻，他的灵感就像汩汩喷涌的泉水，他的情绪就像肆意燃烧的野火。

他的许多佳思妙想，就在这一时刻产生了。在这个时期，毕加索创作了一幅著名的人物肖像画《盖·斯坦因肖像》。

1905年秋天，毕加索如约来到寄卖画商克洛维斯·萨戈家里，萨戈说有人来看他的一幅画。他一进门，就看见一男一女坐在客厅里，男的戴金边眼镜、蓄着胡子、秃顶。女的身体强健、个头矮胖，但面容姣好，眼睛炯炯有神。

萨戈对毕加索说："这是盖图德·斯坦因和列奥·斯坦因姐弟俩。"

毕加索对姐姐盖图德独特的长相发生了兴趣，他问画商萨戈："你说那位女士能同意做我的模特儿吗？"

盖图德对毕加索的话置若罔闻，她说她很不喜欢《挎花篮的青年少女》，她要去掉少女的两只脚，而只保留头部。这时，弟弟列奥说服了她，才使得毕加索的第一幅作品原封不动地挂到了盖图德在佛勒吕斯街27号的卧室里。

同时，毕加索也成了盖图德的朋友，盖图德最喜爱的两个人就是他和马蒂斯了，她因此还写了《马蒂斯、毕加索和盖图德·斯坦因》的小说。

盖图德答应做毕加索的模特，她来到了毕加索的画室，她对"洗衣船大楼"破旧和拥挤没有发表任何评论，安静地坐下，聪慧的眼睛看着毕加索在调色。闻讯赶来观看的有盖图德的弟妹和美国朋友安德鲁·格林。

盖图德真实动人的神情在画板跃然而出，旁观者连声叫好，他们高喊："好了，好了，太像了，停笔吧！"

毕加索使劲地摇摇头说："不。"接着，他又说："对不起，你们今天是看不到成品的。"

毕加索一再地请盖图德坐在他的画室里，多达八九次。有一回，毕加索颇不耐烦地说："我再看这幅画时就找不到你了。"然后就把整个头部涂掉。

几个月后，毕加索又重新拿出来这幅画。他凭着自己深刻的印象再次进行了加工创作，终于将肖像的头部完成了。这次他满意了，肖像的头部具备了轮廓鲜明的雕塑感，尤其是那脸部，简直就是一个雕刻面具。

可是，他的朋友们看到这副表情严肃的画像后，却议论纷纷。毕加索对此坦然置之，他说："没有人会认为它很像她。不过，别担心，总有一天，她会变成这个样子。"

后来，盖图德·斯坦因特意把头发剪短了，来看望毕加索。画家对她注视了片刻之后，便说道："还好，我的那幅肖像画没有被破坏。"

时隔多年，这幅画才得到世人的公认，并认为与本人惟妙惟肖，同时，还被大家称为"毕加索的蒙娜丽莎"。

盖图德还促成了毕加索与马蒂斯的相见。一个周末，在盖图德的住所有个画家们的聚会，马蒂斯来了，他戴着高度近视眼镜，五官匀称，蓄着金黄的胡须。他的年龄不到40岁，但看上去要比实际年龄大很多。

毕加索的作品曾在1902年跟马蒂斯的作品一同在伯萨·韦尔的店里展出过，但他们本人却没有见过面。

马蒂斯和毕加索有许多地方都截然不同：马蒂斯口若悬河、夸夸其谈，争论时竭尽全力要说服别人；毕加索则喜欢守口如瓶、默不作声，从不要求别人接受自己的意见。

在画风上，他们也是截然相反，马蒂斯追求的是宁静、纯洁、平衡的艺术，脱离那些烦恼的事物；而毕加索则表现出豪放、混杂和破坏的风格，着眼点在于毁灭之后的重建。他们友谊的基础是两人都非常敬重各自的才华。

毕加索在巴黎住的时间还很短，可他已经完成了很多作品，并且已结交了像阿波林纳、沙蒙、瑞弗第、雷诺等法国和其他国家的朋友。

毕加索很喜欢画家阿弗雷·加瑞，他还送给毕加索一把小勃朗宁手枪。后来，毕加索常常把手枪放在口袋里，当听到有人说出藐视他的言语，他就会说："再讲一个字我就开枪。"并把它掏出来放在桌子上。

毕加索在其他画家聚居区也有很多同行朋友，而"洗衣船大楼"的每一个房客也都很快认识了毕加索。阿波林纳和毕加索的西班牙友人常在晚餐时不请自来，毕加索和费尔南多经常与他们或其他画家共进晚餐。毕加索的屋里还养着许多小动物：猫、狗、老鼠，还有一只可爱的小猩猩。

这一时期，毕加索的生活很不稳定。他虽然与几位画商保持联系，但很久都没有作任何展出了。曾经有一阵子毕加索已经欠了颜料商900法郎的账，颜料商因此拒绝了对他的颜料供应。这对任何画家而言都意味着要断炊了，此时温拉德不买他的画，而沙果只能出很低的价钱。这样毕加索就更没钱买画布了，他不得不经常在用过的画布上作画，甚至是画布的背面作画。

1904年至1905年的上半年，经济情况就是这样糟，偶尔卖出的一两幅画换回来的钱仅仅能维持他不挨饿。毕加索的生活挣扎在窘迫中。到了1905年的下半年，在爱情的滋润下，毕加索的创作热情越来越高，画技也越来越成熟了。

《坐着的裸女》、《拿扇子的女人》、《化妆》、《演员》等都是这一时期的作品。虽然这时描绘较多的仍然是下层人们的生活，但毕加索已经从充满悲哀的气氛中走出来，画面上的暗色已明显减少，取而代之的是玫瑰色和柔和的粉红色。

甜蜜的爱情给毕加索带来了幸运，他的作品也逐渐得到了人们的认可，画价也不断提高。没过多久，人们开始接受"玫瑰时期"的作品，甚至出现受欢迎的程度。

最有意思的是关于画商温拉德的故事。在毕加索前几次到巴黎时，他曾拿着自己精心挑选的作品到温拉德画廊去卖。

温拉德看了看毕加索手中的风景画，不屑地说，"钟楼画歪了"，将作品退给了毕加索。现在，温拉德主动来到"洗衣船大楼"，并对毕加索说："听说你有一批'蓝色时期'的作品，我很感兴趣。"

毕加索和雅各布把他的画全部搬了出来。毕加索有些紧张地看着温拉德，温拉德的目光一下子就被这些画吸引过去了。

他一幅幅看着选着，看得爱不释手，无法取舍。最后，温拉德说："这些画我全要了，小伙子，我应该付你多少钱呢？"

毕加索只怕要价太高了，温拉德不买了，忙说："温拉德先生，您看着给吧！"

温拉德给了毕加索2000法郎，买走了他画室里的全部画。

看着卖空了的画室和手里的这大笔钱，毕加索请来了几个好朋友，到饭馆里美美地吃了一顿。然后，他和费尔南多搭上火车回巴塞罗那了。

不断地探索创新

毕加索的作品渐渐地得到了收藏家的认可，他的经济收入也随之增加了。贫困的生活开始像小生灵蜕皮似的，一层层地剥落。可是，钱一到手，他便很快地花光了。他狂热地采购来大量的画布和一罐罐颜料，好像要弥补过去那种拮据的缺憾。

西班牙毕竟是毕加索的故乡。在巴黎他总好像心神不定，闷闷不乐。可是，当火车一越过法西边境的比利牛斯山脉，飞驰在西班牙国土上时，他简直就像是换了一个人，那样的神采飞扬，信心十足。

费尔南多的到来使荷塞家既没有惊讶，也没让他们感到不高兴。他们都很喜欢她，但他们都很奇怪，她为什么不嫁给毕加索。费尔南多并没有提到那个她法律上的配偶疯子雕刻家，她让包括派亚瑞斯在内的毕加索的朋友们都很高兴。

不过这里只是他们旅程的中转站。待了几天之后，他们就出发到位于比利牛斯山高处的山城——高索去了。这里山路崎岖，只有骑骡才能抵达。村里的房屋都是用石头砌成的，石屋经过风雨的洗礼与阳光的照射后，呈现着金黄色的光泽。在远处，卡迪峰上的白雪在蔚蓝色天空的映衬下，简直就是一幅绝妙的风景画。

高索的生活方式跟欧塔很像，也跟欧塔一样在卡达浪的语言和文化圈内，因此毕加索就像回到了向往已久的家乡。他们住在唯一的一家小客栈里，开始作画，并且跟那里的村民交上了朋友。

白天，他们在山中探险。晚上，便围坐在一起，聆听走私者讲那些惊险有趣的故事。淳朴的田园之乡，使毕加索感到分外的亲切。

高索的生活使毕加索想起了小时候自己与吉卜赛少年在奥尔塔山中探险的事，仿佛又回到了童年时代，感到异常兴奋和愉悦，一种从未有过的创作激情油然而生。他不断画下自己的所见、所闻、所感，那些窗口很小、没有玻璃的房屋，鼻子又长又挺、戴着紫青色头巾的村妇和饱经风霜的老人们都出现在他的画中。

他还为费尔南多画了许多画，画中的费尔南多洗尽铅华与轻浮，带着淳朴天然的美。这正是他们当时生活的写照。

在高索，刚开始作画时，毕加索还延续着他的古典画风，柔和的形体，有些作品上只有粉红色这一种颜色。其中有一幅是费尔南多的人像，还有一幅是画中的女人手举在头上，对着镜子整理着头发，镜子由另一个女人拿着的裸体人像。

不久之后，毕加索画风忽然变硬，粉红色不再那么艳了，人的形象开始变得像雕刻的形状，脸部无表情像面具般的特性。一幅大型油画《送面包的人》，画上有一个戴头巾的女人和两大块黑面包，面包下面垫着白垫子。这幅画显示出这种变化，而在毕加索返回巴黎后这种变化更为明显。

1906年夏天，毕加索的生活十分美妙，不但创作了很多作品，在乡间的生活，还使他恢复了健康，不但强壮了他的身体，同时陶冶他的心智和精神。

毕加索的这次巴塞罗那和高索的夏季之行，对以后的发展有明显的重要意义。因为这次旅行不仅使他接触了罗马艺术和哥特艺术，还令他欣赏到了在伊比里亚出土的古代青铜雕塑，这些雕塑毫不考虑精工细雕，具有一种粗犷的原始力量。

被这种力量所吸引，毕加索在此后的绘画创作中，使粗大的人体造型犹如雕像一样简练，没有偶然的背景和与题无关的细节，这些作品摈弃了古典的对称和平稳以及一些先入为主的清规戒律。就是这些描绘人物形态的习作，预示着此后即将发生的伟大事件以及一种新的美学概念——立体主义的诞生。

在高索度过了甜蜜的4个月，毕加索告别亲人，回到了巴黎。

从西班牙返回巴黎后，毕加索又独自去了趟荷兰。临行前，他向别人借了20个法郎，带上了一个小背包，塞了些颜料和画笔，便匆匆上路了。

荷兰的风土人情，又使他耳目一新。他惊诧地发现，那些田里干活的农妇，居然有那么高大丰满的体态。于是，他迫不及待地从背包里掏出画笔，兴致勃勃地画了起来。他画了《三个荷兰农妇》和《戴花边帽子的荷兰姑娘》。在这些新作里，他开始强调人物的体积感和雕塑感。

为了探索创作中的难题，他在手握画笔的同时，又拿起了雕刻刀，开始尝试雕塑的制作了。

1906年，一个春暖花开的季节，巴黎的罗浮宫博物馆举办了一次西班牙伊比利亚雕刻作品展。那些毫不做作的、古朴稚拙的雕刻品，使毕加索感到既惊奇又欣喜。作品中蕴含的那种形态本身的自然力量，触动着毕加索敏锐的感觉。

当毕加索再度返回巴塞罗那时，又观看了加泰罗尼亚地区特有的罗马形式的雕刻。这些真真实实的作品，又一次强烈地触动了他。他对雕刻的兴趣越来越浓。他开始注意收集各个地区、各个时代的雕刻、面具和神像了。

毕加索把收集来的雕刻品，珍爱地摆放在自己的画室里，整日与它们结伴为伍。与此同时，他又一次利用巴黎得天独厚的条件，几乎毫无遗漏地涉猎了前代人所有的艺术品。这一次，他特别留意于塞尚、凡·高、高更三位名家大师的创作。他满怀着一颗热忱之心，接受着大师们的启迪。

在揣摩思考中，毕加索对描绘人体姿态的观点渐渐地有了转变。他笔下的人物，开始有了粗犷的轮廓，人物显得粗大，甚至笨重，连影子也显得魁梧豪壮。他开始采用简练的笔法，描绘人物雕刻般的肌肉。为了突出形态本身自然的力量，他将人物情绪性的表情尽可能地省略了，色彩的运用也不那么明显了。

在巴黎的1905年"秋季沙龙"上，马蒂斯、迪菲、马尔凯、德兰、弗拉芒克和费里兹的作品都集中在一起展览。路易·沃克赛勒看到在一片色彩狂野的绘画中间，有一件模仿早期意大利文艺复兴时期雕刻家唐纳泰罗的雕塑，便评论道："唐纳泰罗被野兽包围啦！"

于是，"野兽派"就成为这一画家群体的称号了。

这次展览的参加者，大多是马蒂斯在美术学院的同学与校友。

马蒂斯在1906年春季"独立沙龙"上,展出了自己的新作《生活的欢乐》。这幅画浓淡不分、色彩斑斓,让评论界不知所措。更增加戏剧性的是,这幅画被斯坦因兄妹认购了。毕加索刚刚从高索回来的,在斯坦因兄妹俩那里看到了这幅画,他的胸中已隐约激起了"山雨欲来风满楼"的感觉。

而塞尚在10月间死去后的作品展览更打动了毕加索的心。毕加索一直都很欣赏塞尚,他看过很多塞尚的作品,发现塞尚的心思也被自己所困惑的同样问题所占据。

塞尚曾用柱体、圆形和角锥去处理自然,并把它们都纳入配景。这立即引起了毕加索的回应,他们的心灵是相通的,于是产生了共鸣。

那时候,布拉克、马蒂斯、佛拉明克以及巴黎的整个比较超前的艺术界都在赞美、收藏非洲雕刻,它们被认为是"神物"来欣赏。而只有毕加索从它们的本来面貌看待它们。

在列纳街彼列·梭瓦茨古董店的陈列窗里,摆放着一些黑人雕刻,它们奇特的形态和优美的线条吸引了路过这里的马蒂斯。他把它们全部买下了。

一天,毕加索和阿波林纳、耶科、萨尔蒙在马蒂斯家吃晚饭。马蒂斯端出一具黑人木刻交给毕加索。毕加索整个晚上都在抚摸着这个木刻,甚至都没吃多少饭。

第二天早晨,雅各布来到毕加索的画室,看到满地都铺着画布,每张画布上都画着同样的图案——长着一只眼的女人脸,长长的鼻子一直伸到嘴中,肩上垂散着一把头发。

这是毕加索一夜未眠的成果。

是那件黑人的雕刻启发了他。此后,毕加索又到博物馆观看了更多的雕塑作品,在一个博物馆里,摆放着非洲黑人制作的各种各样的面具,印第安人制作的木俑,以及蒙灰藏垢的木雕。

　　这些陈列品,有不少是宗教活动时使用的"图腾"。那种奇特的形体夸张、泼辣大胆的表现手法,焕发出一种刺激、紧张和带有"蛮性"的艺术魅力。这使毕加索不由得感到极大震撼。

　　毕加索的目光从这件展品移到那件展品,他的思绪一点一点地清晰起来。他感悟到在这些黑人作品里,隐含着一个神圣的目的:他们是"把这些作品作为自身与四周隐伏的敌对力量之间的一种中间力量,用一种形态或形象表达出来,借以克服自身的恐惧。"

　　非洲人把这些雕刻品作为一种斗争的武器,借此摆脱精神上的压力,来获取勇气和力量。想到这里,毕加索茅塞顿开。他意识到,这就是艺术的全部含义。他认为绘画也应该是蕴含一种神秘力量的表现形式。当毕加索彻悟到这一点时,他觉得,他已经找到了难题的答案,找到了自己的道路。

　　在1937年,毕加索曾与别人谈到这一段经历:

　　　　对马蒂斯或狄伦来说,这些黑人的面具只不过是一些木雕——另一种形式的雕刻而已……在那间博物馆里,只有我一个人,那里的气味极难闻。我想要出去,却没有走;我留在那儿感觉到一些对我很重要的事要发生了。

　　　　那些面具不只是一般的雕刻,绝对不是。它们是魔法。我们先前根本不了解这回事,我们把它们当作原始的雕刻，而非魔法来看。这些东西是仲裁者，抵御任何事情：抵御未知的、可怕的神灵。

我一直注视着这些神物，然后忽然发觉我也一直在抵御任何事情。我也觉得任何事都是未知的、敌对的！任何事！不只是这些或那些，而是所有的事物，不论女人、小孩、动物、抽烟、游玩……任何事！我明白了黑人的雕刻对他们的意义及真正的用途。

为什么要刻成那样而不刻成别的形状呢？他们毕竟不是立体主义者，因为立体派还不存在……所有这些神物都是同样的东西：那就是武器。用来帮助人们不再受神灵所左右，得到独立。这些是工具。如果你赋予神灵一个形象，你就有办法摆脱它们。

不论神灵或潜意识或情感，它们都是同一件事。我终于明白我为什么要做个画家了，就在那间博物馆中，四周环绕着满是灰尘的面具、印第安玩偶和神像。

毕加索快步奔回画室，随即拿起画笔，连续创作了15幅人物胸像习作。他越画越起劲，他的思路越来越清晰，笔锋越来越有力。那线条随着他的激情，准确无误地出现在他需要达到的地方。他开始尝试用线条来区分平面了。

在这15幅习作的基础上，他又构思出几幅草图。早先，他是想创作一幅表现"罪恶的报酬"的画作，像前期的《生活》那样，含有一定的道德教化寓意。构思的画面是一个水手正在妓院中与5位姑娘一起吃喝，他们中间堆放着水果和鲜花。这时，一个男人手提一具头盖骨走进画面。

现在，他改变了主意，将那个主题完全抛弃了。他的兴趣转向了对新的形态的探索上。于是他毫不犹豫地删去了那两个男子，又删去了一切不必要的细节，只留下了5个裸女和那一小堆水果。思路就此打住，他决定将这5个裸女搬到大型油画上去。

他精心选择了一种自己喜欢用的光滑的画布，又在背面衬上了一种比较结实的布料，再把它框在坚固的画框之中。他开始运思作画了。他谢绝了所有的朋友来访，不允许任何人进入他的画室。

几天之后，作品完成了。作品上面有5个女人，她们的所有人性和感觉都抽象化了。这幅画具有一种以纯粹田园乐趣的气氛吸引观众的力量。画上5个少女的肤色在一片蓝色背景的衬托下显得非常突出，但是，她们那睁大的黑眼睛令人感到可怕而又神圣不可侵犯。左边的3个少女都没有动作，她们的表情泰然自若，镇静沉着。

可是右边上下排列的那两个少女由于面孔奇形怪状，所以就像是从阴间闯来的一样。画上每个人物的面貌都画得各有特色，耳、目、鼻互不相同。不管头部的位置如何，耳、目、鼻有正对观众的，也有显出侧面的，从而使平面上具有了立体感。

整幅画在色彩运用上几乎完全以粉红色和蓝色的对比为主。那简化了的、不曾塑造过的女人的外形—既是平面的又是立体的—以及那两个黑人头部的奇形怪状，对于人们原有的审美观念都是一种挑战。

毕加索创造了立体派的第一件成品，一幅革命性的画作，连带着它的全部潜力和全新审美观，如同一颗炸弹似地投入了西欧的绘画界。

他邀请了一些挑选过的朋友来他的画室,希望能传达这个来自另一世界的讯息——不基于美的审美观。然而,朋友们并不能接受这巨幅被命名为《亚威农的少女》的画,他们无法理解,议论纷纷。

他们完全没办法掌握它,他们仅有的反应是震惊、慌乱、惋惜、一些神经质或无声的愤慨。

即使是富有鉴赏力的舒金也摇头叹息为"法国艺术的一大沦落"。

马蒂斯甚至愤怒地说:"这简直是一种暴行,是对现代艺术的野蛮讽刺和嘲弄。"

一直对毕加索非常欣赏的乔治·勃拉克也不赞成,他说:"这好像表示我们应该换换口味,用麻屑和石蜡来代替我们吃惯的东西。"

就连对毕加索极其崇拜的阿波林纳也说:"毕加索变成了另一类艺术家。"

还有人预言道:"总有一天,毕加索会吊死在他的那幅大油画的后面!"

但也有例外,德国评论家兼收藏家维廉·乌德和画商亨利·卡恩韦勒对《亚威农的少女》赞不绝口,说它是"具有亚述风格的奇异的绘画"、"革命的作品"。

卡恩韦勒深为毕加索的独特性和惊人力量所吸引,在他开设的画廊中最先展出毕加索充满探索意味的画,也因此与毕加索一见如故,成为莫逆之交。

后来,卡恩韦勒又成为早期立体派的权威评论家,他曾预言《亚威农的少女》早晚要进罗浮宫的,64年后,这一预言成为现实。

朋友们异口同声的责难，使毕加索感到了前所未有的痛苦，一种极度压抑的痛苦。创新中的毕加索，渴望得到的是一种深思熟虑后的理解，一种理解之后的鼓舞，可是他没有得到。

但是，毕加索对自己的创作充满了信心，他决不想走回头路，他也为此付出了极大的代价。他要面临重新挨饿的危险，许多画商都不想购买他的作品了。

《亚威农的少女》完成后，并没有完全得到人们的认可，它一直被放在毕加索的画室里，直到许多年以后，它的价值才得到承认。

对毕加索而言，《亚威农的少女》是他创作上的一个重要的里程碑，从这幅画开始，毕加索完全抛弃了传统的画法，形成了自己的风格，创造了立体主义。正因为如此，他被后人称为"立体主义之父"。

开创了立体画派

1907年开始,毕加索有许多收获,除了一大堆的面具之外,还有他对塞尚进一步的了解,还结识了布拉克和罗梭。毕加索和这些朋友都建立了长久的友谊。

1907年秋季,举行了一个塞尚作品的回顾展,毕加索对这位伟人更加崇拜。尽管毕加索意志坚定,但他的灵魂却是孤独的,常常要受到来自内心的折磨。

当他发现还有一个跟他有相似感觉的人,有着同样的疑问而得到同样的答案时,他感受到深深的快慰和动力。

毕加索这样评价塞尚:"他是我唯一的老师……我花了许多年来研究他的作品……塞尚!他是我们所有这些人的父亲。是他在无微不至地呵护我们。"

野兽派的佼佼者布拉克,由阿波林纳带他去看毕加索的《亚威农的少女》。当时他接受不了他的观念。布拉克和毕加索争论了很长时间,最后还是不了了之。但是塞尚的一句话改变了他的看法,他和毕加索从此建立了友谊。

塞尚死后，他和他的作品受到了比生前更热烈的礼遇和更热烈的欢迎，画家们开口闭口不离塞尚，社会上也广泛传播着塞尚的奇闻轶事。这时，某杂志发表了塞尚致艾密尔·倍那尔的一封信，其中有这样一句话"一切自然物都应被还原成圆锥体、圆筒体及圆球体。"

这句话宛如一盏明灯，照亮了布拉克内心的混沌，他把握了塞尚这句话的精神，开始做一连串新的试验，用面或块构建更新的自然。

在1907年年末时，他画了《大裸体像》，就有了立体派倾向，至1908年的夏天，他大步向这个方向迈进了。

他所提供给1908年"秋季沙龙"的7幅画作，完全抛弃了他过去惯用的强烈色彩的手法，而是用规范严格的"几何形"，同时也摒弃了色彩的表现。沙龙拒绝其中的5幅画，一怒之下布拉克把7幅画全部拿回来了。

11月，这些画在坎韦勒的画廊展出，另外还加上21幅。

路易·沃克塞勒曾为野兽派命名，他评论道：

> 布拉克是个很勇敢的年轻人……他鄙视形状而要简化一切东西——视野、场所、人物、房屋成为几何的图形，立体的方块。他建立起扭曲的、金属似的、出奇简化的小小图样。

布拉克与毕加索同路相遇了。他在认真思考了毕加索的新作后，理解并认同了毕加索的画法，开始和他携手共进。毕加索不再孤军奋战了。

在 1909 年毕加索从欧塔带回更多画作之后，评论界对立体主义的探讨渐渐多了起来，毕加索和布拉克以及其他许多这样作画的画家，就成为人们公认的立体画派了。

亨利·罗梭是一个自学成才的画家，而在他的一生中，他真正的价值只有极少数人知道。他的画作今天摆在卢浮宫里，而大家都承认他的画意境极高，但在他那个时代里，受到的偶尔的轻微赞美也被大量的嘲笑所掩盖。

一次，毕加索路过"索利埃神父"的商店，他从画堆中发现了一个女人头像。他马上感觉到此画有特色，于是便与"神父"一起把这幅画拉了出来。这是一幅女人的全身画像，画中人身着一袭黑衣，面含沉静的神情，站在一扇打开的窗户旁边，她的背后是粗糙的栅栏和一丛盛开的鲜花。

"神父"向毕加索解释道："这是一个叫罗梭的税务员画的。画布很好，你可以利用它。"毕加索没去理会"神父"对这幅画的贬义，他付了 5 个法郎买下了这幅画。

1908 年，毕加索买下了第一幅亨利·罗梭的作品。这是一幅相当大的油画，是一位波兰女教师的肖像。

这时的罗梭 64 岁，是一个胆怯、有灰胡子、极易脸红的人。

毕加索把这幅画摆在自己的画室里，越看越喜欢，他知道自己发现了一幅杰作，他的心荡漾着快乐。为此，他决定召开一次聚会，庆贺这个发现。

他把自己的画室精心地布置了一番。他找来一块大布帘，将画室里仓库般的零乱完全遮挡起来。再把墙上的装饰统统取下来，只挂上了几具黑人面具、一张欧洲地图。

接着又把几张桌子拼成一个能坐 30 余人的长形桌子，铺上一块好看的桌布。他还特意拉起了一个横幅，上面用法文写上了"光荣属于罗梭"几个美术字，以使来宾们一看就明白聚会的目的。在横幅的下方，他端端正正地摆放上新发现的罗梭的这幅大作。他约请了罗梭，又约请了许多亲朋好友。

这个决定相当冒险。罗梭像个孩子一样地容易感动，而将被邀来赴宴的人几乎没有一个人真正欣赏他的绘画。其中有许多人把此举视为一种捉弄，尤其毕加索和费尔南多都完全没有举办宴会的经验。

宴会刚开始的时候有些不利。客人们趁晚餐还没好的时候在附近一家酒吧喝开胃酒，结果时间拖得太久，其中一位醉得昏了过去，同时其他的人开始灌年轻美丽的玛丽·劳伦辛，所以在他们到达画室时她跌倒在沙发上的一盘果酱馅饼上，浑身都是奶油和果酱的她还跑去拥抱其他的人。

大家入座后，在一片欢呼声中，阿波林纳和贵宾罗梭来到，罗梭眼睛盯着横幅，羞涩的脸上绽出喜悦的笑容。他被让到放在小平台上的宝座里，然后宴会开始了。

在诸多的客人中，最动感情的自然是罗梭。他头戴一顶软礼帽，手托一把小提琴，深情地演奏着一支又一支乐曲，偶尔还低声地吟唱几段。而最狂热的还属诗人，麦克斯·杰克卜激动地跳上了餐桌，他高声地近乎失控地朗读了一首自己的即兴之作。

几道菜过后，诗歌和演讲也上场了，阿波林纳朗诵了自称是即席之作的诗：

你记得阿兹提克的风景，
罗梭，那一片芒果和凤梨生长的丛林，

>猴子敲出了西瓜的血,
>和那被射死的头发漂亮的国王。
>我们群集来庆祝你的大名。
>现在正是饮酒的时候,
>让我们饮尽这杯毕加索向你致敬的美酒,
>一齐高呼罗梭万岁!

宴会进行中,沙蒙忽然跳上了桌子,喝干了杯里的酒,发表了一篇祝词,接着马上发起了狂。浓烈的酒精使他失去了控制,他要模仿精神错乱的痉挛发作,用肥皂泡来代替口中的白沫……

接下来的混战威胁着那些黑人雕刻,布拉克及时保护了它们,毕加索马上把沙蒙拽走,锁在一个空房间里。这个过程里罗梭始终都在打瞌睡。这天,是毕加索让罗梭一生中最快乐的一天。

罗梭看到了毕加索举行宴会的好意。他感到毕加索如此抬举他,于是字斟句酌地写了一封信告诉毕加索他的美好感受和谢意。

毕加索喜欢罗梭作品中所蕴含的那种富有想象力的诗意。而罗梭有时虽然并不理解毕加索的作品,但他承认毕加索是个天才,他曾对毕加索说过这么一句广为流传的话:"毕加索,你我两人都是我们这个时代最伟大的画家,你是埃及式的,我是现代式的。"

毕加索欣赏这句话,他很珍惜自己与罗梭之间的友谊。他常常把罗梭的画挂在自己的画室里。

在那段时间里,毕加索的画室里始终迷漫着浓郁的油彩香气。他又绘制了几幅静物画和自然景物画。在这些创作中,他继续钻研着绘画的形态问题。

他义无反顾地摒除了传统的明暗法和远近法等技巧,他竭尽全力地要在平平的画面上把所绘物体的不同侧面同时表现出来。他的顽强,使他对自己手臂的疲劳、身体的困倦全然不知。

在一幅以树木为题材的作品里,他融合了雕刻的技术,使那些树木看起来像是许多木片的堆积。他所以着眼于比人体构造更为复杂的树木,是为了在平面的画布上继续实验,希望能赋予树木坚固的形态感。也就在这个时期,毕加索把自己曾有过高度成就的古典主义表现手法,完全地摒弃了,进入了"立体主义"创作时期。

所谓立体主义,其实质就是用一种形式构造另一个形式,让所描绘的平面自身创造一个形体、一个对象出来。这种创作方法首先要对一个物体进行分解,然后再把这些元素按照画家的构思,重新组合,相互叠置,互相渗入,进而成为一个整体形象,使平面自身直接显现立体感,却又不取消平面。

立体主义对毕加索来说,是一种说出他想说的语言,他觉得这是一种最恰当的语言。这种语言并不比其他语言好,也不比它们坏,只是与过去的画派截然不同的一种全新的表现形式而已。

有人问毕加索运用这种新的形式的目标是什么,他答道:"只是画画而已,没有其他的。寻求一种新的表达方式,抛弃以往无用的写实主义,使用一种与我的思想有关的方法——不让自己受到客观及真实所左右。既不是好的,也不是真的;既不是有用的,也不是没有用的。我的意念离开一切外在的体制而成形,不管公众或批评家们会怎么评论。"

1909年的夏季,毕加索和费尔南多又到了巴塞罗那,在那里和家人欢聚了一些时光,再次见到派亚瑞斯和所有朋友。毕加索为派亚瑞斯画了一幅精彩的肖像,派亚瑞斯则送给毕加索一幅欧塔的圣塔巴巴拉山风景画作为回报。派亚瑞斯又写信给叔叔,请他安排毕加索和费尔南多在欧塔度假。

这段时间的作品成了《亚威农的少女》的姊妹篇。人们从这一系列的作品中,慢慢地品出了味道,悟出了道理,认识并理解了毕加索的苦心孤诣。他们开始用另一种眼光、另一个标准来评判《亚威农的少女》了。

面对新事物出现,人们终于克服了习惯势力的惰性,开始承认它的存在、它的价值和它的意义了。人们开始赞叹《亚威农的少女》了。

布拉克素有自己独立的思考和追求。他从不佯装愤世嫉俗,而当世俗舆论压在他身上时,他则漠然置之。这时,他与毕加索,一前一后地开始向立体主义的山峰英勇无畏地攀登了。

之后,毕加索和费尔南多来到圣塔巴巴拉山,那里的美丽风景都成了他的立体派画作。这些作品充分表达了他一直想要达到的目标。他现在已经完全解决了他的疑问。毕加索终于看清了自己的发展路线,这条路线由《亚威农的少女》一直走到完整的分析立体主义。

毕加索处在山乡之中,这里有他喜爱的芬芳的气味以及置身在老朋友之中的快乐,受到这个激励,他焕发了比平日更旺盛的精力去工作。

毕加索游览了圣塔巴巴拉的山山水水、田野村镇。在作画时,他大多是用淡赭、银灰和塔洛尼业式的茶色。那些本来就相当立体的小镇，只要简略几笔就与毕加索的观念相吻合了。

在他狂放的立体派视野中，那些看似整块的岩石都被他分解成几何形的许多平面，大都是菱形的，并且被重新组合，这些倾斜的平面有时互有重叠，有时有明显的界线。

有时，这种几何的处理延伸到了天际，那晶状小面闪着微光被巧妙地整合成了严格的画面，与传统的透视画法完全没有关系。

一幅费尔南多的画像中，她的脸孔被打成许多弯曲的平面，而她的额头以及背景中的盆花则呈严格的角面。还有一幅画则完全是由直线条组成，由此看来，在头像方面，这种分析更是显著了。

另外一件作品，是毕加索回到巴黎即着手铸造的一座铜像，成为毕加索所作过的最杰出的雕像，这说明了，二次元的平面和三次元的形体间的结合，在此达到了极限。

在画人物肖像的时候，他的视线从模特的正面移到侧面，再移到背面；从头部移到手指，再移到指尖。他一次又一次地反复观察模特的某一部分和某一个平面。最后将这些平面集合逐步地交集起来，形成一个立体的物象，根据这个统合的灵感，精巧地宣泄在画布上。

同时，在这一段时间里，毕加索对模特的要求也越来越高了。他往往要求模特摆出几十种不同的姿态。为了突出形体的构造，在画布上，他只留下一些单纯的线条和几何平面，借着人物姿势的起伏和曲折，显现出物体的某种存在。

如此，观赏者再也不能从画布上清晰地分辨出画中人的真面目，只能隐隐约约地看出轮廓和形象。为了突出形体的构造，他进一步压抑了色彩所具有的说服力量，取而代之的是单一的灰色和褐色，人物的表情甚至被修改成惨不忍睹的形状，被人称为"灰色时期"。

在绘制风景画时，毕加索也别有一番心思。他先否定视觉上的现象，再去分析对象，将对象的构成彻底破坏，一直到几乎无法识别外观为止。然后再根据自己的创作原则，重新组织画面，完成一幅别有风味的画。

毕加索认识到，一切物体都是由许许多多的面组合而成的，要表现物体的本质，必须将物体的各个面同时展现出来。所以，他大胆地采用了移动视点的手法，将各个方面看到的景象汇集于单一的画面中，以求得物体全部认识的一种新的空间表现。

毕加索的这种胆大妄为行动，不仅从根本上推翻了几千年来的传统视觉观念和空间观念，而且也证明了他自己曾经说过的一句话："我要把人的头脑引到它不熟悉的方向上去，把它唤醒。我要帮助人们发现没有我就无法发现的东西。"

无独有偶，布拉克去马赛附近的累斯塔克采风后，也带回了几幅风景画。在这几幅画里，他使用了一些简化了的几何图案，平涂了柔和的色彩。布拉克的这些画，被画家和评论家称为"画中的立体主义"。从此以后，便产生了"立体主义"这个崭新的美术名词。

此后，两位画家一直密切交往。几乎每天晚上，不是毕加索到布拉克的画室里来，就是布拉克来看毕加索。两个朋友互相观摩对方的作品，互相批评，互相切磋，互相竞赛。甚至每一幅作品，必须两人都觉得完成了，才算是成品。

这段佳话是世界绘画史上难能可贵的。布拉克的回忆中流露出对那段日子的无限留恋：

> 我们往往要抹杀个人，以求发掘创造力。于是经常有这样的情况，许多业余爱好者把毕加索的作品当成我的，把我的作品当成他的。这对我们是无关紧要的，因为我们的兴趣是在绘画和绘画所呈现的新问题上。

在那个时代，他们的这种立体主义新画风，对于传统的美术观念，是一个强烈的破坏，它所引起的非议和谴责，不亚于自然科学领域中的任何新的发现。对此，毕加索心里很清楚，他说：

> 绘画是一种自由的行为，而假如你跳绳，那就有可能跳到错误的一边。不过，倘若你不冒有如灭顶之灾的风险，又会有什么标新立异作品问世呢？那样，你永远无法腾飞。

为了腾飞，毕加索无所顾忌了。他将自己以往的成就，自己辛辛苦苦建立起来的声誉和人们的支持，搁置一旁。

毕加索将自己青春的勇气，青春的活力，青春的干劲，全部贯注于"立体主义"这一美术革命之中。

立体派一出现，它的影响就开始传播到其他艺术领域中。可以说，如今的艺术形成于毕加索和布拉克等人的立体派绘画，雕塑、建筑、装饰艺术、芭蕾舞、剧院设计，甚至文学，都受到立体派观点或深或浅的影响。

由于立体派对艺术作用的基本概念提出了挑战，所以这种影响必然具有深远的性质。它把艺术从唯心主义泥坑里救出来,并使它摆脱认为艺术目的在于创造绝对的美这种看法。

立体主义具有使艺术与现实的错综复杂的性质恢复固有联系的作用。因此,立体主义称得上是文艺复兴以来艺术史上最有意义的一次革命。

对毕加索来说,艺术与生活是不能分离的,创作灵感来自他生活所在的世界,而不是来自一种理想美的理论。

他的作品是出于一种切切实实的感觉,出于一种想要洞察和理解人类意识有关的现实的强烈愿望。而探讨世界的实质,只限于表面现象是不够的,还必须对物体进行解剖,以提高对物体存在的了解和欣赏。

这一点,从毕加索的《坐着的女人》、《拿曼陀林的姑娘》、《康威勒肖像》等作品中可见一斑。

其中《康威勒肖像》可谓是分析性立体主义风格的优秀典范之一。在这幅画上,外形的分析已有很大进展,以至于面部特征虽然可以分辨,但同模特的相像之处不多。

整个画面被组织成为一种由许多小平面上构成的花纹,每个小平面都凹在不同时凸出于邻近的一个小平面之中,这样循环不已,犹如水面上的涟漪一般。

毕加索还说过:"在拉斐尔的绘画上,测量不出人物的鼻和口之间的精确距离;我要画一些在上面测量得出这个距离的绘画。"

他的这种想要洞察外形的本质,理解外形本身所占有的空间及其所在空间的愿望,导致了一种追本求源的分析,经过这种分析,人物外形表面的熟悉轮廓,受到了一种晶化过程,变得比较透明了。

毕加索在发现立体主义的几年里尽心竭力，他完全投身于这一新发明，丝毫不让自己分心。

可是，由于立体派的盲目追随者们并不真正理解立体主义的全部内涵和意义，所以对它横加批评、议论。

但这些干扰并未影响毕加索，他继续沿着自己的道路前进，力求在绘画艺术中发展一种更加严格的立体主义技巧。

推动立体画的发展

与毕加索和布拉克联手在立体主义道路上共进的还有几位仁人志士。一位是德朗,他是法国人,比毕加索大一岁,长得人高马大,是个很有才能的画家。

还有一位是西班牙画家格里斯,他曾在"洗衣船"下过赌注。那时他也很清贫,靠给杂志画些漫画度日。而他同毕加索的友谊,为他开辟了一个新的天地。

另外一位叫莱热,是个从诺曼底来的年轻人。他同毕加索相识后,便开始创作他的圆筒形的绘画,被人们称为"管子主义"。他们和衷共济、切磋评论,使他们的事业朝气蓬勃地发展起来。

1909年,温拉德为毕加索举行了一次画展。出乎所有批评家所料,立体主义有了更多的观众。毕加索身为当代最重要画家之一的声名已远播到了巴黎和巴塞罗那以外的地方,越来越多的外国崇拜者拥到他的画室拜访,慕尼黑的山好瑟画廊也举行了一次他的作品展。

毕加索终于走上了富裕之路。他卓越的绘画艺术,开始让他名利双收。

1909年,毕加索搬出"洗衣船大楼",住到了皮加尔广场的克利希大街11号画家公寓,他把"洗衣船大楼"的画室用作贮藏室。

新住所包括一间画室、一间卧室、一个饭厅,还有一间佣人房间,后来他们雇了一个女佣。毕加索把在"洗衣船大楼"的所有画作及一些家当,包括3只猫、庞大的母狗以及小猩猩,搬到新居。

费尔南多描述他们的新家的情况时曾说道:

> 小小的客厅里有一张长椅子和一架钢琴。几件漂亮家具是他父亲送的,和镶着象牙、螺钿、鳖甲的意大利家具摆在一起,显得更加美丽。
>
> 新旧画室的差别太大,使得搬运工人惊讶地议论"住在这里的人一定是中了头等彩票"。

在新居,女佣的工作很轻松。毕加索和费尔南多每天要睡到中午,不久女佣也这样做了。画室从来都不清扫,而饭菜做起来也很简单。毕加索全身心地要把立体主义推得更远,巨大的精神压力影响到他的食欲。

毕加索除了蔬菜、鱼、米制布丁和葡萄外,其他什么也吃不下,连酒也戒了。费尔南多根本就没在意他的紧张,就像她不知道他画过《亚威农的少女》似的。

毕加索把自己关在新画室里,每天下午和晚上,任何事都不能将他从画架前移开。如果是熟悉的朋友为一点鸡毛蒜皮来打扰，他就会怒气冲冲地对他说："你想要我的命吗？这时候来！"

毕加索只喝矿泉水，很少吃东西，但对搜集东西的兴趣却日渐高涨。开始他只买有用的东西，像一张大铜床，后来只是为乐趣而买的无用的东西大量运回新居。已被腐蚀的绣帷；一大张铺设有紫色天鹅绒上面散布着鲜黄纽扣的19世纪沙发；一架没人会弹奏的踏板风琴，踏下去的时候会有一股香味弥漫出来；吉他、曼陀林、箱子、柜子和到处堆积的非洲雕刻。

这些东西都被搬到他的画室，使这里像拥挤不堪的贫民窟。然而对毕加索来说，这些都是他的宝贝，最让他感到赏心悦目和心满意足。

对于毕加索来说，与他的生命息息相关的，莫过于永不停歇的艺术创作。在这几年里，精力旺盛的毕加索，完全沉浸在那种形与形的重叠、线与线的交错的快乐之中。

冬日，他身穿工作服，围着条毛围脖。夏日，他则光着上身，赤膊上阵，那些可爱的富有韵律感的线条，那些深沉的灰色和褐色，强烈地诱惑着他，使他忘记了周围的一切。

从午后到傍晚，从傍晚到子夜，他都在画室里工作。当他感觉到自己的想象力再也发挥不出来的时候，他便换上另一幅画。他的手头总有几幅油彩未干的画，等待着他完成。

毕加索敏锐地体察到，立体主义已经处于关键时刻，他是现代艺术运动最具代表性的画家，他的每一幅作品都被人们看成这一运动的晴雨表。

而事实上，立体主义也正以不可思议地迅速影响、渗透到社会生活的各个领域。

毕加索创立的立体主义引发了美术界的革命。传统的美术创作理念受到了强烈的冲击。美术界的众多流派在立体派面前经受了考验。

立体主义的形成又引发了许多流派的出现，如1910年兴起的以康定斯基等人为代表的"抽象派"，以蒙德里安等人为代表的"风格派"以及"表现主义"、"构成主义"、"纯粹主义"等。

在意大利，画家波菊尼、卡拉、卢索洛树起了"反映现代机器文明、速度、力量和竞争"的未来派的大旗，他们学习毕加索和布拉克的最新绘画技巧，在立体派的几何形与多视点的基础上，加入了表示速度和时间的因素。

1911年，他们亲自到巴黎向毕加索求教，一个个"茅塞顿开"，技艺大进。第二年，亮相巴黎的未来派画展获得很高的评价，都被认为是有特色的作品。

立体主义不像后来的抽象派、超现实主义，盲目变形，不知所云。它的可爱之处在于它的现实性。

1909年冬，毕加索给温拉德画了一幅肖像，当时有些人认不出来，但这是典型的立体主义作品。可是，温拉德朋友家的一个4岁小孩第一眼看到就脱口而出地说："看，这是温拉德先生。"

还有一幅是维廉·乌德的肖像，在富于意味的一种暧昧中，乌德先生的学者风度和古朴个性跃然纸上。英国画家罗兰特·潘罗斯一见即终生难忘，以至于在25年后，他在一个人满为患的咖啡店里一眼就认出了乌德先生，而之前他们从未谋面。

1910年的夏日，毕加索同费尔南多、德兰一起应彼克特的邀请，去加泰罗尼亚海滨的卡达克消夏。

这一次，他们是到卡达奎斯，一个卡达浪的渔村。那是一个美丽的小地方，在那里他们住进了彼克特的家里。

毕加索有时也洗海水浴或跳萨达那舞,但他对秀丽的海滨风光却视而不见,我行我素地按自己早已形成的习惯作画,并且不时挪用彼克特的什么乐器、水果、玻璃瓶、酒杯等各种物品。

与此同时,布拉克也在艾斯塔克做着绘画实验。他在自己的一幅画上描绘了一根钉子,这是用自然主义手法投影而成的,看上去就像是这颗钉子把画钉在墙上似的。

两位大师的强烈追求在内心的逼迫下,也产生了"变形"。闭门造车的痕迹越来越多地反映在作品上,绘画的问题开始背离它固有的逻辑,而变得越来越玄。

画商肯惠拉及时地提出了中肯的忠告:"立体主义应该经常表现叙述性的命题,这样绘画就不会有仅仅成为一种装饰品的危险。"

当秋天来临之际,为了观看秋季沙龙的展览,毕加索返回到巴黎。他喜欢在无数的朋友和相识人群中,在悠闲的交谈中会偶发新灵感。布拉克也由艾斯塔克返回巴黎,他带回的画作与毕加索带回的作品如出一辙。

当人们正对毕加索所创作的结晶体般的画面迷惑不解的时候,他又开始另辟蹊径了。为了不使立体主义绘画走得太远,以致脱离现实,他开始将手头那些最普通、最平凡的材料,付诸作品之中。

他尝试着将报纸、商标、乐谱和花纸直接贴在画面上,然后再用彩笔或炭笔作简单的勾勒,创作出许多类似现在还常常见到的拼贴画作品。再后来,他干脆把木片、绳子、铁片等材料直接用于画面,造成了更强的立体感,从而创造出史无前例的新的造型观念。

比如，他用一段粗麻绳，围在一个椭圆形画布周围，做成画框。在画布上，他贴上一块极为逼真的印有藤椅编织花纹的漆布，又用油彩画上烟斗、玻璃杯和柠檬片，再写上仿真字母。

这幅被称为《藤椅上的静物》的作品，给观众造成了一种似真似假的感觉。这正是毕加索按照他自己的思维方式，对艺术的真实和生活的真实所作的异想天开的解释。

他还用染上颜色的松木，组成一把曼陀林琴和一支单簧管，再用炭笔略加描绘，便构成了一个崭新形象的画面。这时，他常常使用这些俯身可拾的材料，来表现自己喜爱的乐器。他还用报纸和色纸剪接拼贴出正面的、侧面的或斜侧面的小提琴与吉他。

有时，他干脆用普通的铁皮窝成一把吉他，以铁丝当弦，不加任何色彩和勾勒。这种拼贴技法的创作，曾风靡一时。正当人们争相仿效之际，毕加索又转向用油彩点画对象的方法。

他用这种被人们称为"洛可可式的立体主义"绘出了《法兰西万岁》、《坐在壁炉前椅子里的女人》等作品。他的创作兴趣越发浓厚，他的创作手法越发多变，他的事业如日升中天。

此后，他又陆续创作了《椅子中的女人》、《玩桥牌的人们》等一系列光彩夺目的作品，形成了他的"立体主义时期"的巅峰之作。

《椅子中的女人》是毕加索于1913年创作的，这是一幅闪烁着幻想之光的经典作品，不但它的画名不统一，就是对它的鉴赏也是仁者见仁，智者见智。

一位诗人曾以形象的语言描述了这幅画："坐在椅子上那个女人的巨大体积，像狮身人面女妖那样大的脑袋，钉在胸前的两个乳房——同五官上细致的韵律，波浪式的头发，肥实的胳肢窝，瘦削的肋骨，空幻的短大衣，柔软舒适的椅子、报纸，形成了绝妙的对比。"

立体主义是毕加索艺术生涯中转变最激烈的阶段，也是他创作最丰盛的时期。每一幅作品，无论大小、繁简，都凝聚着他的思索、他的智慧、他的心血。正如他自己所说的："每一幅画，都是一瓶我的鲜血。"

立体主义还影响到诗歌和戏剧等文学艺术界。诗人阿波林纳不但撰文为立体主义摇旗呐喊，并且最先从立体主义得到了创作灵感，主张在文学界尤其是诗歌领域，用毕加索对美术的改革方式来改革诗歌，强调打破诗歌的形式和句法结构。这些观点对于后来在法国兴起的超现实主义起了不可忽视的作用。

立体主义不仅对法国艺术界产生了巨大的影响，还对其他行业产生了影响。

一天，毕加索和盖图德·斯坦因一起在雷斯培尔大街散步，一辆满载枪支的车子从他们身边驶过。他们惊异地看到，枪上用画着锯齿形的图案作为伪装。

"这是我们创造的！"毕加索禁不住大叫起来。他的关于解剖物体外形的发现，竟被如此迅速地运用到了军事上！

后来，在第一次世界大战期间，他曾开玩笑地说："如果我们要使一支军队在一定距离内不被人看见，只要把士兵打扮得像小丑一般就行了。"

从 1908 年至 1922 年，毕加索和布拉克的画作有时不签名，要不然就签在暗处，这样做，一方面是为了避免干扰到画面上的韵律，另一方面更是为了不想突出个人。

在 1911 年，许多画家都转变成了立体画派，让起批评家们十分恼怒的是，独立沙龙展出了满满一个房间的立体派画作。在1911年至1921年期间，毕加索和布拉克的画作和雕刻向着立体主义的更高层次跃进。他们还在人体和乐器的题材之外，加上了一些微不足道的小东西，像烟斗、罐子、瓶子等。他们常用的颜色是暗褐色。

随着他们的不断创新改革和推动，立体主义很快地传播到欧美各国。1909年来临之际，毕加索的绘画作品走出了法国，第一次在德国慕尼黑的桑霍塞画廊展出。第二年的冬天，英国伦敦的后期印象派画展竟然夹杂着《拿花束的裸体姑娘》和《萨果像》这两幅毕加索的立体主义作品。

毕加索的作品同当时颇具声望的名家大师的作品并列展出了。他实现了自己少年时代的愿望。与此同时，毕加索的立体画作品第一次飞越大西洋，在美国的纽约、芝加哥、波士顿等地巡回展出。

此时的毕加索，好似一颗明亮的星辰，闪烁在巴黎画坛的夜空中。新老画商纷纷购买他的作品，他的画作价格逐步提高。

1914年，毕加索的《卖艺人家》以1.15万法郎的高价售出，标志着毕加索已经登上了世界画坛之巅，真正成为"艺术大师"。

毕加索创造了立体主义，立体主义也使毕加索获得了巨大的声誉。如果说以前的毕加索是西班牙和法国小有名气的画家，那么，立体主义则使他走向了世界！

开始接触舞台设计

1911年,巴黎发生了一件震惊世界的重大案件,珍藏在罗浮宫的名画《蒙娜丽莎》被盗了。阿波林纳被怀疑与这件盗窃案有关,而毕加索也受到了牵连。

毕加索从来就害怕与法律有什么牵扯,到1912年年初,巴黎警方撤销了对他的指控,但他还是心神不宁了很长一段时间。他和费尔南多·奥莉维亚多年来的感情,也在这一年画上了句号。

在那段时间里,有一个叫"村舍"的酒馆,那里是一些未来派的艺术家常去的地方,毕加索也常去。在那里毕加索认识了玛西黎·韩伯特夫妇和阿巴杜·欧派。阿巴杜·欧派年轻又聪明,很招人喜欢。

费尔南多和玛西黎是好朋友。然而没有过多久费尔南多就跟欧派跑掉了。有人议论是毕加索先爱上了玛西黎,然后费尔南多才跟欧派跑的,想借此让毕加索嫉妒。

这次她是打错算盘了,如释重负的毕加索带着玛西黎,马上从巴黎到阿比南去了。

玛西黎和费尔南多完全相反，她是一个小巧玲珑、温柔礼貌、端庄自信的女人。但有一种深沉和忧郁的气质，在生活、艺术上都比较适合毕加索的秉性。她的父母都是小资产阶级，但她并没有费尔南多漂亮。

毕加索比玛西黎大4岁，对她爱得很深，在许多作品上用"我的爱"作为她的别名，常常亲昵地称她"伊娃"。

朋友中支持毕加索与伊娃的只有一位女士，那就是盖图德。她说："毕加索这次是找到真正的爱情了，你们拦不住他的。"

塞瑞特的春天很美，毕加索和玛西黎从阿比南到了这里。春天一结束，他们就回到阿比南，然后到另一个小城，在那儿找了一个小房间住了下来开始工作。

毕加索是个工作狂，当他获得新的快乐的刺激，工作起来更加狂热了。7月时，布拉克结婚后也来了。1912年的整个夏天，毕加索和布拉克在快乐的鼓舞下，又创作出好多最优秀的、代表现代艺术的新画作，并引导着现代艺术的发展方向。

1913年的春季，毕加索、伊娃和麦克斯·杰克卜来到塞瑞特，住在一幢18世纪修道院的大房子里。这里的环境很美：房子建在一个大花园里，花园里盛开着色彩缤纷的鲜花，一条弯弯曲曲的小溪流过，溪水里青蛙在高歌。花园旁边有一片树林，夜莺在树上鸣唱。麦克斯·杰克卜荡漾在花草树木之间自命清高、自我陶醉起来。

毕加索在这里努力地工作，画出一些新的作品，就在此时，噩耗传来，他的父亲荷塞去世了。

人们很难从毕加索的作品中找出他的心境象征，但是，在他父亲荷塞死去的那段时间里，在毕加索画作题材中消失多年的小丑又出现了，而小丑一直是毕加索某种寂寞心境的证据。

从"玫瑰时期"以后，小丑并未完全消失。1909年有一幅悲伤的立体派小丑，用手支撑着头，但在这一幅以后一直到1913年的这次假期间，则没有再出现过这一主题。

这次所创作的是系列作品中比较有代表性的一幅，它表现的是高度的立体主义、严格的规范，以暗黄和灰色为主色调，是近于分析的画作，这是一幅很难理解的作品。但是从画作里看得出这就是毕加索一生的伴侣——那个老丑角。

为参观秋季沙龙，毕加索和伊娃回到巴黎。在巴黎，毕加索画了《扑克牌戏》和《穿衬衣的女人》两幅重要的作品。《扑克牌戏》是他近期画风的归纳。

更重要的是《穿衬衣的女人》，它暗示了立体主义之外还有一个梦幻的世界，并且使色彩再度涌现。

此后，毕加索的观点又有所改变，他画的物体具有的剪贴式的技巧更趋向于雕刻的性质，这些材料似乎不再是为了更加立体而浮凸出来，而是为了它们的自身而有所创作。这是他新的构建创作，此时他又回到立体派的主流。这时的代表作有《小提琴》和《苦艾酒杯》等都是名副其实的雕刻了。

对毕加索来说，1914年是十分快乐的一年，在这一年里罗浮宫窃案的真正嫌犯，一个意大利人被抓到了，毕加索再也不必担惊受怕；评论杂志被阿波林纳办得红红火火；以他的蚀刻手法为麦克斯·杰克卜的著作画的插图出版了，并获得了好评。

1908年时，他把《卖艺人家》以1000法郎卖给一个收藏家俱乐部。在1914年3月的拍卖会上，这幅画的价码不断飙升，最后居然以意想不到的天价——1.15万法郎成交。

毕加索的快乐很快就变成了色彩出现在他的画中。一夕之间，立体主义的严肃性被大量的艳丽斑点所覆盖；柔和的曲线回来了，而仅剩的直线也着上了鲜亮的色彩。甚至过去一直很少出现的悦目的绿色也出现在他的画中。

1914年的夏天，是个愉快的夏天。毕加索、伊娃是和布拉克夫妇以及狄伦夫妇等在阿比南度过的。

然而没过多久，第一次世界大战爆发了。法国卷入了战火之中，首都巴黎因此而变得混乱起来。作为中立国西班牙的公民，毕加索没有参战的义务，因此，他仍在画坛上耕耘不止。

但是，毕加索发现巴黎已经不同往日，它那快活的气氛已被战争带来的恐慌扫荡殆尽，他所熟悉的生活，也因战争的危急和残酷而变得黯然失色。

在战争开始后的几个星期，毕加索所熟悉的生活全部消失了。他的法国同伴全都无影无踪了，他的众多朋友现在仅有极少的几个，剩下的是外国人、老人以及无用的人。

毕加索偶尔还能看到马蒂斯，他虽然已经45岁了，可他正在极力想办法要加入军队参战。另外身体太弱、视力太差的麦克斯·杰克卜被军队拒之门外，其他留下来的相识的人就是外国侨民了。

毕加索这时的作品都变得十分严肃，数量也惊人地锐减，其中有一幅画的是一个小丑，而且是高瘦、憔悴、羸弱的。

巴黎的情况非常糟糕。经济萧条，人心紊乱，毕加索的画又卖不出去了。而且，大街上的人们都用愤慨的眼神盯着毕加索，恨不得把这个躲在后方的强壮汉子撵到敌人的炮火底下去。

毕加索对着伊娃自我解嘲地说："如果布拉克、德兰他们一边把木制假腿搭在椅子上，一边谈论前方打仗的事，岂不是很可怕吗？"

伊娃真的给吓怕了，她不要毕加索出去，好像一出家门就是前线。伊娃几次告诉毕加索，她听到了炮声。毕加索对此十分担忧。尽管他们离炮火还很远，但战争却时刻折磨着伊娃羸弱的躯体。

1915年5月，在阿拉斯附近的战斗中布拉克头部受了重伤，过了好长时间消息才传回巴黎。

这年秋天，伊娃病得非常严重，毕加索每天都要花费很多时间往医院里跑。

尽管如此，他还是努力地工作，他画了一幅最好的小丑。另外他画了一幅耶稣受难图，对他来说，画宗教题材画是极为罕见的。

伊娃患的不是短暂的支气管炎，而是和战争一样可怕的肺结核。她用厚厚的纸包住血迹斑斑的手帕，塞进垃圾桶的底层。她不断地往脸上涂抹脂粉，掩饰两颊的苍白。

1915年12月14日，伊娃拉着毕加索的手，微笑着咽下了最后一口气，容颜一如当初的美丽、宁静、温柔。而一缕香魂缓缓升入了天国。

只有七八个朋友跟毕加索一同到墓地去参加葬礼，其余的都被战争拖去了。跟毕加索广泛的交往比较起来，这个数目的确少得可怜。

刚过了一个冷冷清清的圣诞节，1916年1月8日，毕加索给盖图德写信述说自己伤感的心情："我那可怜的伊娃去世了，她一向对我那么好，我悲痛极了……"

伊娃的死，还有战争，宛若泰山压顶，让毕加索直不起腰来。

那一阵子毕加索感受到强烈的孤独，他虽然寻求其他艺术家陪伴，却又跟他们保持着距离。他常常在傍晚到酒馆去，呆呆地坐在一直为他这个常客保留的房间里饮酒，用他黑色的眼睛盯着熙熙攘攘的人群，然而对周围的一切他都丝毫提不起兴趣。

在郁郁寡欢、陷入困境的时候，他结识了法国艺术家金·科克蒂。科克蒂既是诗人，又是剧作家，也是电影导演。

几年前，科克蒂就知道了毕加索的大名和他的立体主义。他非常赞赏毕加索的立体主义，甚至考虑将其应用于舞台实践。他与毕加索一见如故，两人坦诚地交换了对艺术的看法。当时，科克蒂正供职于达吉列夫领导的俄国芭蕾舞团，并随其在欧洲各国巡回演出。他热诚地引荐毕加索加入了这个剧团。那时，由科克蒂自编自导的芭蕾舞剧《检阅》正在排演，他诚恳地邀请毕加索担任舞台布景的设计。

毕加索欣然从命，并全力以赴地投入了工作。他通读了剧本，又看了演员们的排练，一个新颖的构思从他头脑里跳出来。他别出心裁地把舞台布景设计成一个立体空间，把舞蹈者的形象画在幕布上，又用强烈的色彩画出舞台的缎帐。

演出开始了，帷幕徐徐拉开。素有艺术修养的巴黎观众不禁被这个舞台设计所震惊，他们情不自禁地为整个设计拍手叫绝。

1917年2月17日，毕加索和科克蒂起程前往罗马。他要为科克蒂编导的《游行》舞剧承担全部舞台装饰、布景、服装的设计工作。在离开法国之前，毕加索就先为他的舞台设计和道具做好了模型。这一切让许多立体派画家大跌眼镜，出乎他们的意料。

这个舞剧很容易使观众联想到五光十色的马戏场和滑稽可笑的小丑表演。这让毕加索想起10年前，自己曾以旁观者的身份，观赏过小丑们的表演。那时，自己还用画笔满怀深情地描绘了他们的幕后生活。

如今，自己正在与这些"小丑"们一道工作、一道生活，这极大地激发了毕加索工作的兴趣和热情。白天，他埋头苦干，紧张地进行设计和绘制，没有一刻停歇。晚上，他便和那些"小丑"们漫步在月色如霜的马路上，观赏街头夜景，闲话聊天。

在舞剧上演那天，当巨大的垂幕在忧郁的序曲中出现时，观众不禁大为惊愕。因为垂幕是一幅仅仅具有间接的立体派风格的构图，它的灵感来自当时风行的马戏团招贴画艺术，题材很像立体派产生之前一个沉浸在幸福安逸气氛中的小丑和马戏团演员的后台集会。但这次他们再度出现，似乎不如从前逼真了，已经从立体主义原理和发明所巩固下来的风格中获取了新的活力。

《游行》是艺术界新精神成长过程中的一件大事。由于毕加索在舞台设计中，成功地把立体主义同古典主义结合起来，把舞者画成平面中的人物，却把舞台设计成立体空间，从而把观众带入一个现实与非现实的矛盾世界中。这种方法的成功就在于用不平凡的艺术手法，把平凡的舞台艺术变成不平凡和神奇艺术。

毕加索影响了芭蕾舞，芭蕾舞也对他产生了影响。它不仅向他提供了用前所未有的宏大规模作画的机会，而且促使他重新为一些比较大众化的剧目作设计，为他的艺术探索开辟了新的途径。

以这两次成功的设计为开端，毕加索又接连不断地为其他几个芭蕾舞剧进行了舞美设计。这时，他俨然成了一个懂行的舞美设计专家了。他不但设计舞台布景，还设计演员服装和演出的道具。

他对这些工作，不仅满怀热忱，而且极端地负责任。甚至在演出的前一分钟，他还在努力地工作。他常常拿着颜料和画笔来到舞台的边厢，为即将登场的演员，在服饰上再添上最后的几笔。

有了毕加索的参与，剧团的演出在相当长一段时间里效果空前。他又成了青年人的核心，这其中的斯特拉文斯基和马辛尼最有才华。

不久，毕加索跟随剧团到意大利巡回演出。他借此访问了佛罗伦萨、米兰等地，再次受到古希腊、古罗马艺术的熏陶。在那些原始质朴而又生机盎然的作品中，毕加索领会到了"宁静的伟大与崇高的单纯"的深刻内涵。

毕加索受到古典艺术启发，他的创作别具一格、独具匠心。然而，所谓立体派的追随者们大骂毕加索是"叛徒"，一贯反对立体主义的"正人君子"则高喊立体派已自行退出了历史舞台。这些不明真相的人像跳梁小丑一样出来起哄。

一次，毕加索正在舞台上布景，他做着鬼脸对科克蒂打趣地说："说我退出舞台了，他们是在瞎说，看，我不正在舞台上吗？有的人根本就没上过舞台，有什么资格说退出舞台。我退出舞台是为了给演员让路啊！"

在参观访问中，毕加索仍像往常一样，比别人多一双眼睛，多一双手。他把自己观察到的景物，迅速而熟练地画在速写本上。那些与自己家乡极为相近的街景，那些民间艺人的街头表演，那些形色不一的小商贩，都一一走进了他的速写本里。

在巡回演出期间，他还为自己的同仁们勾勒肖像，如《斯特拉夫斯基》、《达吉列夫》和《巴克斯特》等。此外，他还用较复杂的阴影来表现《科克蒂》和《马辛尼》。画家凭着自己精湛的鉴别力，运用凡·高所说的"夸张主要的东西"的观点，形象地描绘了他们各自的特征，使人一望而知其人的个性。

他还为一群舞蹈家绘制了各种姿态的肖像。尤其是那些袅袅婷婷的女演员们，她们天生的优美体姿，姣好的舞台形象，那一气呵成、不落形迹的表演，深深地打动着毕加索的心。在描绘她们婀娜多姿的形象时，他倾注了自己的情感，糅进了自己与众不同的技法。

这时，写实主义的素描重新唤起了毕加索的兴趣。他常常对随手拈来的明信片或者相片进行临摹。当然，这并不是一种简单死板的临摹，而是将自己偶发的奇想注入其中。然而这些随手涂抹的素描，却常常使原作相形见绌。

古典主义画的创作

在为芭蕾舞团工作的日日夜夜里,剧团里的一位女演员引起了毕加索的特别注意。白玉般的脸庞,一双明亮动人的黑眼睛,线条优美如同希腊女神般的鼻子,柔软的秀发飘拂在肩上,无论从哪个角度看上去,她都是那么楚楚动人,她的名字叫奥尔佳·科克洛娃。

奥尔佳·科克洛娃的父亲是俄罗斯帝国军队的一位上校。达吉列夫把她留在团里,并非因为她的舞蹈专长,而是因为她的贵族血统能提高剧团的社会地位。

奥尔佳·科克洛娃1891年生于乌克兰的涅金。她从小就学习芭蕾舞,可直到1917年才在舞剧《贤良淑女》中有了精彩表演的机会,对于芭蕾舞演员来说,这显然有些晚了。

起初,奥尔佳面对毕加索的追求有些惊慌失措。奥尔佳是个好姑娘,她待人接物十分谨慎。但毕加索艺术家的聪颖灵巧和深孚众望,很快就俘获了奥尔佳的芳心。

事实上,奥尔佳也早就注意到了毕加索。他虽然矮小,却很健壮。尤其是他的成就、声誉以及才气吸引了她,他们俩很快就交上了朋友,继而就形影不离了。

毕加索依照老习惯,把他的深情爱意倾诉在光滑的画布上。他用古典主义写实风格,逼真地描绘了他心上的美人——她头戴一块网状流苏型纱巾,黑玛瑙般的眼睛闪着敏锐的光泽,小巧平直的嘴微含笑意,好似一个坚定、刚强、富有个性的女子。

随后,毕加索又以奥尔佳为模特,继续采用古典写实的手法绘制出了若干幅很成功的作品。

达吉列夫也答应了毕加索的要求,决定率芭蕾舞团赴西班牙去巡回演出一次,以便毕加索的家人能亲眼看一看奥尔佳。他们先到马德里,再到巴塞罗那。所到之处,剧团受到了前所未有的热烈欢迎,不过,人们不是为演出叫好,而是他们引以为傲的毕加索回来了。

毕加索在家乡受到英雄般的欢迎,他的朋友和崇拜者还为他举办了一个特别宴会。这段时间,奥尔佳也过得很快乐,在宴会上,奥尔佳驾轻就熟,每天都快乐得像个天使。

在巴塞罗那,奥尔佳的陪伴令毕加索生活得十分愉快,在这期间他给奥尔佳画了许多肖像。

1917年年末,毕加索返回了巴黎。在圣诞节前夕,毕加索描绘了一幅他想象中的俄罗斯雪夜:皑皑的白雪轻柔地覆盖着乡野大地,几颗明亮的星星在静寂的夜空中闪烁。毕加索把这幅画作为圣诞礼物送给了奥尔佳。

1918年的8月,毕加索和奥尔佳举行了婚礼。阿波林纳、科克蒂和麦克斯·杰克卜都来参加了。他们的蜜月是在离西班牙很近的比阿利兹度过的,他们就住在爱拉苏里夫人在那里的漂亮别墅里。这个地方远离战争。从他当时的画作可以看出，毕加索这时过得相当惬意。

别墅所在地清新的空气、旖旎的风光，使他精神爽快，干劲倍增。他用自己那支得心应手的炭笔，精心勾勒了海滩上的姑娘们，其中尤以那幅《十五位海滩裸女》最为著名。

那优美流畅的线条、十分妥帖的布局，把一群健美活泼的姑娘潇洒自如地描绘出来，这幅画成为毕加索线描的典范之作。在塑造这些穿着泳装的女人时，毕加索使用了完全不同的手法，沙滩上散布着一些出奇引人的石块，它们成为超现实主义画家们使用频繁的素材。

还有一幅名为《海水浴场里的少女》的油画，显露了画家对人体美的赞美，使人不得不惊叹毕加索构想的高超。

毕加索的日子过得逍遥自在、优哉游哉，爱拉苏里夫人有很多朋友和相识，毕加索为他们不少人画了像。因为战局有了好转，这些人的情绪比过去几年都活跃。

这年7月，曼金的坦克把德国人逼得节节败退，并且俘获了几万人；8月，英军席卷了西齐菲防线；9月，60万美军投入战场。血腥的战争就要结束了。毕加索对这些并不十分关心，不过，别人的快乐也增加了他的快乐。

1918年，第一次世界大战宣告停火。但是战争的乌云并没有马上消散，贫困、饥饿、混乱、萧条，毒气般笼罩在这块被炮火烧焦的土地上。

有一天，毕加索的电话铃声响了起来，他抓起话筒，听到的是阿波林纳死亡的消息。他一时惊呆了，说不出半句话，握着话筒的手也有气无力地松开了。他木雕似地愣了一会儿，抓起笔，在那张未完成的自画像上，又狠狠地抹上了几笔，以表达自己对死亡的憎恶和恐惧。

阿波林纳是毕加索忠实的老朋友，在事业上，阿波林纳一直给予他最真诚的鼓励、最有力的支持。不论是在他创立立体主义的时候，还是在他进行舞美设计的时候，都是如此。

毕加索在他一生的艺术实践中，受到过难以计数的困挫、责难、辱骂，毕加索都义无反顾地挺过来了，除了他天才的灵感和顽强的意志以外，那就是他总有为数不多的一些知音，他们在那个时代表现出来的卓越才华与优秀品质，给了毕加索以极大的信心。阿波林纳便是其中的代表。

毕加索清楚地记得，在《游行》首演时，部分观众由于不能理解剧中蕴含的奥妙，寻衅闹事时，是阿波林纳挺身而出。他头缠绷带，胸佩十字勋章，热情地向观众说明这个舞剧的新精神。

剧场一时安静下来，那些观众看到他是一位战斗英雄，又讲得头头是道，才慢慢平息了怒火。谁能料想，他竟在这如火的青春年华里死去。毕加索心里感到一阵阵刀绞般的疼痛。

阿波林纳死的时候，毕加索正好37岁。从这时开始，他就一再改变自己的绘画、素描和雕塑风格，不过这些都只是他个人的变革，因为他不可能再去打倒那些早就被他摧毁的传统了。

此时，毕加索的艺术创新包括了向新的巨大形式的进展，一种把人体扩展成巨大比例的独特作风，这些作品应并入他的新古典时期，不过目前他还是继续从事立体派的创作。

1919年初夏，毕加索偕同奥尔佳赴伦敦参加新舞剧《三角帽》的彩排。

《三角帽》讲述的是一个西班牙老公爵，企图强占磨坊主年轻美丽妻子而未能得逞的故事。

俄国芭蕾舞团战后回到了欧洲，达吉列夫开始为1919年分外灿烂的一季做准备，其中一个节目就是《三角帽》，这出脚本是马提尼兹·西拉在他的祖国西班牙写的，同时音乐部分是安达鲁西亚的作曲家法雅谱的曲子，而毕加索成为设计布景和服装的最佳人选。

毕加索接受了这一工作，尽管他探索新方向的思路被打断了，他还是答应下来，并且马上投入到这出芭蕾舞剧的设计工作中。

这是一部短小精悍的舞剧。毕加索只要把他在温拉德或伯萨·韦尔等处展览的许多画作，还有"玫瑰时期"的作品，凑在一起就成了《三角帽》的动人布景。

毕加索设计的"斗牛场"布景，画面是：太阳在天空闪闪发亮，穿着披风的男人和戴着漂亮头巾的女人坐在斗牛场包厢里，被杀死的公牛正在被拖出场外。为了取悦观众，他采用西班牙的传统装束作为演员的服装。

1919年7月22日，《三角帽》在伦敦上演了，毕加索的布景受到全场的欢迎，舞剧演出极为顺利，当结束时观众的热情达到了顶点，鼓掌和欢呼声雷动，演员们都激动得流下泪来。

《三角帽》的演出大获成功。毕加索的舞美设计同在巴黎时一样，也得到了英格兰人的赞赏。谢幕时，毕加索迈着稳健的步子，面带着微笑，走上舞台。

他身穿一件晚礼服，腰系一根斗牛士皮带，向热情的观众鞠躬致意。那姿态既符合英国人的绅士标准，又略含西班牙人的风采，观众由衷地对他报以热烈的掌声。

《三角帽》的演出成功，使毕加索认识了一大群喜欢举行宴会的人，他自己也较过去对宴会感兴趣，越来越多地参加这样的聚会。

毕加索事业上的成功，使他成为社交界引人瞩目的中心人物。他们夫妇俩被频频邀请参加各种豪华的聚会、高雅的舞会和隆重的首演式。在这些场合里，总是聚集着社会各界名流、富家商贾和才子佳人。

此时，他的新生活，宛如一曲曲华尔兹圆舞曲，时而快速旋转，时而滑步起伏，既令人陶醉，又令人迷茫。

实际上，毕加索对这种"名流世界"并不感兴趣。他采取的是若即若离的态度。因为，任何乐趣都不能与他孜孜求索中的艺术相媲美。他更不愿意因此困囿于其中，甚至是丧失自我。所以，他常常机敏地回避它。他坚定不移地固守着自己心中的艺术王国。

回到巴黎之后，保罗·卢森伯格为毕加索举行了一次展览，这是毕加索的首次大型个人展览。这次画展极为成功，不仅仅在于作品的出售上，更重要的是使许多人看到毕加索作品的各个不同面貌。

批评家以及来看画的公众都非常欣喜而且印象深刻。人们得到了一个概念，那就是发明立体主义的难解隐喻的手，同样可以造出立即可以看懂而且使人陶醉的画作。

1920年6月的时候，奥尔佳怀孕了，当身孕越来越明显时，毕加索对"母性"题材的兴趣又恢复了。往日他曾经画过许多深刻的母与子的作品，常常都是年轻、脆弱的女人，美丽而出奇的优雅，大部分的画作中都带有对社会的批判。

然而，长久以来的明显批判已经消失了，他现在的思想是在另一个层面。现在的这些女人都是巨大的形体，不很年轻，有粗硬的大手和大脚，像神一般，超然独立。

几个月后，奥尔佳为毕加索生了一个儿子。毕加索有生以来第一次做了父亲。有了儿子，他欣喜若狂。他深知，这个孩子比他笔下塑造过的任何一个孩子都来得更真实、更可爱，这是自己的精血凝结而成的！

毕加索常常不惜时间地与儿子一起逗乐、一起玩耍。当儿子还在襁褓中时，他便迫不及待地以妻子和儿子为模特，精心绘制了著名的《母与子》连画。

做了母亲的奥尔佳，蜕去了女孩子的稚气，多了几分成熟女人的味道。画幅中，她的态度矜持，体态丰满，爱心盈溢。孩子则天真无邪、清纯可爱，洋溢着蓬勃的生命力。

为了能使妻儿过上舒适的生活，毕加索在巴黎的近郊找到了一所房子，他们在那儿度过了一段假期。那个地方相当大，足可让毕加索远离一个婴儿的哭喊和邀遢。不过这期间他尽可能耐着性子待在家里。他一次又一次地画着这幢别墅的内部，用一支特别细的铅笔，带着温和的嘲讽，画下每个微不足道的细节。

在那段时期，毕加索怀着一片童心，好奇地观察着儿子小保罗一天天地长大。他的画笔一直不停地描绘着自己的儿子。这一幅幅作品，俨然成了小保罗的成长日记。毕加索不但准确地记录了孩子惊人的变化，而且还细心地写下了作画的日期。

这段时日给毕加索带来了很多快乐，粗糙、真实、活泼、单纯，这是属于他自己的孩子，于是他不断重复地画着这个小家伙。惊人的创作活力是来自那个迷人的小天使。不过，更重要的是孩子成了他的一种作画动力。

要不是有这个亲骨肉，毕加索不可能画出一系列的母性作品，这些虽然与他新古典时期的女性题材有关，但儿子的出现却对其有一种特殊的影响。

由于孩子在婴儿期长得都很像，作品中吸着奶的小东西是不是小保罗就很难确定，也可能不是，因为画面里的这些母亲哪个都不是奥尔佳。奥尔佳比毕加索要矮一些，而画上的是些巨大而温和的女性，她们还带着简化的古典特质。

在以往的创作中，毕加索曾肆意地对他的描绘对象进行探险性的破坏，他肢解他们，分化他们，不管他们是男人或是女人，是模特或是妻子。而在他的笔下，唯有一个人没有遭到此等"厄运"，这就是他的儿子小保罗。这是古典写实大师笔下的小保罗。他总是那么的纯真可爱，白白胖胖的小圆脸上，总挂着甜蜜的笑容。

有时，他满脸童真稚气地扮演哑剧小丑；有时，他手持拐杖和鲜花，扮演马戏团的丑角；还有的时候，他身穿镶金边的斗牛服，扮演着小小斗牛士。在这些画幅里，浸满了那种深沉的乃至神圣的父爱，这种父爱不仅仅在作画的那一刻出现过，而且还延续了几年、十几年。

有一次，毕加索同时画了两幅非常相似的大幅画作，都叫《三个乐师》。画中的这三个乐师，分别是白衣小丑、花衣小丑和天主教修士。他们各自戴着假面具，一个吹奏着单簧管，一个弹拨着吉他，另一个则手持着黑白分明的乐谱。这幅画被认为是合成立体主义的归纳与最高境界。

毕加索用他所喜爱的立体主义方法描绘了他们各自的形态，

那三个硕大的身躯与那一双双蜘蛛般的手形成了强烈而有趣味的对比。色彩的配置也很奇特，在暗褐色的背景中，有黑白的对比，有花格子的俏丽色面，更有雅致的蓝色穿梭其中。就在这些几何学的色面互相衔接交错之中，产生了音乐般的韵律和节奏感。

两幅画作都遵守着严格的立体派教条，空间是由平的、大致是直线所构成的一些面组成的；所用的色彩大致很鲜明，要不是用了很多严肃的蓝色的话，应当是相当欢愉的。

1921年，最重要的立体派作品就是这两幅《三个乐师》。有人认为它们是毕加索以往的成就和新古典人物画的分界线。

毕加索的大量立体派画作价格日益高涨，买了他的作品的人觉得自己应该认识一下作者，因而当毕加索回到巴黎后，他的社交活动日益繁忙起来。

1922年，经过科克蒂的介绍，毕加索结识了许多戏剧界及其他领域颇有来头的朋友。如果愿意的话，他每天晚上都可以去赴宴。由于精力过人，他常常乐此不疲。

夏季，毕加索常常携妻带子来到海滨。他平静地躺卧在沙滩，坦然地享受着身旁玩耍的妻儿带给他的幸福感。

这期间，毕加索画了几幅狄那的风景，还有一些女人和小孩儿。其中包括一幅特别温柔的母性作品。虽然画上的母亲仍旧硕大无比，却有着温和的粉红及灰色，有着"玫瑰时期"的温暖感觉。不再像是用大块石头刻出来的那样。他在这一时期的许多画作都存在这种风格。

毕加索在这个夏天创作最多的还是立体派的静物作品，这类作品有几十张，几乎都是传统立体派的玻璃杯、酒瓶、烟草或香烟盒等题材。颜色相当单调，几乎是单色的。这些画作有些用传统方法绘成，另外有些则是被称为斑马画法，也就是在一个颜色的平面上会覆盖着带状条纹。

说来有趣，一年夏天，毕加索度假返回巴黎后，当他打开衣柜，发现自己最好的一套毛料衣服被虫子全部蛀空了。那套衣服，除了接缝和麻衬依然如故外，其余的只剩下一个空壳——一个透明的轮廓。他可以清晰地看到口袋里装着的钥匙、烟斗、火柴盒。这个"透明体"引起了毕加索的兴趣，给了他一个启示。

于是，毕加索在作静物画时，采用了一个新的手法——在轮廓清晰的色块上，使用粗的直线和条纹，把光线"网"进画中，使之透出一种连锁式的透明。这就是他的静物画总给人一种鲜亮的感觉的原因之一。

而同时，大海也激发着毕加索的创作灵感，一幅幅撼人心魄的作品出世了——《在海滩上奔跑的少女》、《海边人家》、《泉边的女人》、《两个裸妇》、《读信》、《潘恩的竖笛》等。那丰满、壮实的巨大形体，那沉重地压在大地上的雕塑般的架构，充溢着蓬蓬勃勃的不可一世的生命力。

那劲健富丽的线条，构筑了形体的动态美。毕加索仿佛回到了意大利，回到了古罗马，他正在全身心地聆听古典大师的启示，他似乎发现了上帝的藏身之处。

面对着千变万化的世界，面对着追求时髦的美术界同事们的各种好奇心和虚荣心，毕加索仍然保持着自己的个性。他一方面以清醒的头脑看待各种新的文艺思想，另一方面不停地探索古典主义艺术宝库，继续从中汲取有价值的、宝贵的营养。

在20世纪20年代的毕加索作品中明显地体现出古典主义、

立体主义、浪漫主义、现实主义的高度结合。由于他坚持了自己的创作方向，他的绘画、版画和雕刻又有了新的发展。同当时艺术界的空虚、混乱和无所建树相反，毕加索在这一时期的作品显示了他的艺术的强大而持久的生命力。

在整个 20 世纪 20 年代，在巴黎和欧美各国的首都和其他大城市，先后举办过多次毕加索作品展览，这些展览表现出毕加索艺术创作的重大成果及其深远影响。因为毕加索画展举办之处，无不受到美术界和人民群众的热烈欢迎。他那富有成果的作品犹如荒野上独放的鲜花，得到了人们的赞赏。

在这些作品中，那套名为《母与子》的连环画很重要。它表现了毕加索热爱生活、热爱和平、热爱自由的思想感情，表现出画家的崇高的人道主义精神。

在毕加索的形形色色和千变万化的图画、雕塑中，潜含着极其深刻的人道主义精神。这种精神，促使毕加索关心在街头流浪的艺术，在外国各地漂泊露宿的朋友。

他的画笔不间断地描绘千千万万遭受苦难的人们的生活景象，绘声绘色地表现出他们的感情和意志，也强有力地表达出他们的控诉和抗议。正是这些宝贵的精神，使毕加索始终不停留在一点上，不断探索和创造，使他的艺术活动具有了强大的生命力。

超现实主义作品

战争的杀戮给欧洲各国的社会生活带来了普遍的危机，军队的铁蹄也极大程度地践踏了艺术之花。但人类的生机是不可抹杀的，在中立国瑞士，在厮杀与对峙的缝隙里，一群流亡艺术家尽情地展示他们狂乱不安的心理和玩世不恭的态度，他们的言行疯狂、怪诞、矛盾之极，以彻底否定这个风雨飘摇的旧世界。

艺术家们扭曲的面孔、破碎的心灵聚集在一起。在这片经历过炮火和饥寒的废墟上，新的艺术种子正酝酿着破土而出。

促成这一新的艺术运动产生的重要人物，是从德国慕尼黑流亡来的哲学家、诗人雨果·巴尔。

1916年2月，雨果·巴尔和歌唱家妻子赫宁格斯在苏黎世城的米埃尔区办了一个"伏尔泰酒店"，这里因经常举办画展、歌舞晚会、诗歌朗诵会等，而成为文学家、艺术家们的聚会场所。

2月26日，来自罗马尼亚的诗人扎拉、画家扬科，来自巴黎的雕塑家阿尔普和妻子索菲，来自柏林的精神病医生兼诗人胡森贝克，来自慕尼黑的画家李切特等人围着伏尔泰酒店二楼的一张圆桌，商议为他们的集团起一个名字，来延续被战争中断的以毕加索和阿波林纳为核心的那一场现代运动。

他们把毕加索的素描和铜版画挂在墙上，朗诵着阿波林纳的诗歌，但他们的争论非常激烈，无法确定一个宗旨，只得由巴尔和胡森贝克两人用餐刀随意插入一本德法辞典，餐刀正好插在某一页的一个词语上："DADA"。

胡森贝克说："就用'达达'这个词吧，它正好是为我们的意图而发明的。这儿童的第一个声音表现了原始性，从零开始，我们艺术的创新。"

"达达主义"迅速从苏黎世向全世界辐射，引导着战后艺术运动的新潮流。

达达主义者否定旧世界，痛恨现实社会，又否定社会的变革，这使他们处在一种既否定一切又无所适从的境地中。于是他们如梦如痴地打发日子，他们把梦呓般的语言当作最完美的语言，把变幻无常的梦境，当成最美好的事物，并以此作为自己艺术创作的素材和源泉。

他们编辑出版了自己的刊物，还举办了专门的画展，上演自编的剧目，其全部意图就在于表达自己，激怒观众。在一段时间内，他们也产生了轰动效应。

战后许多达达主义者来到巴黎，他们开始展览、表演，而他们的表演常常闹到必须由警察来干涉的地步。毕加索生性好奇，对他们的活动十分感兴趣。

1920年，达达主义的主要代表人物、诗人扎拉到巴黎访问造型艺术家毕卡比亚，他们就当代文学和艺术问题展开了讨论，并取得一致意见。会谈吸引了作家苏波、路易·阿拉贡、保罗·埃鲁阿德、安德烈·布鲁东，这些人都是"巴黎达达"的骨干，毕卡比亚家就成了达达主义者的俱乐部。

达达主义在巴黎的发展，使他们一改以前对毕加索的欣赏和崇拜。他们深知，要轻易攀越毕加索这座高峰，靠技艺是难以达到的，妒忌和攻击也许可以削弱他的声誉。

毕卡比亚傲慢地说："毕加索如果想成为一个达达主义者，就必须放弃立体主义。"

其实，毕卡比亚与扎拉的那次会谈，恰好是将达达主义引向歧途的开始。他们采取了无政府主义者巴古宁的一句话作为口号："破坏就是创造。"

于是乎，拿一张报纸、一把剪刀，把文字剪下来，按自己所需要的诗歌长度，任意排列这些剪下的文字，便是一首诗。绘画更是无意义的线条和胡乱的色彩构成，倘若有人能说明你画布上那些玩意的意思，你就不是成功的。

毕卡比亚正是这种"艺术"的主要实践者，他的一幅《扎拉肖像》，画上根本就没有人像，尽是些圆圈、曲直线和莫明其妙的字词，如"幻影、确实性、观念幻术、蒸、花、香"等，然后写上扎拉的名字，完了。估计毕卡比亚的那位好朋友肯定不会将这幅肖像画天天悬于床头案前顾影自怜，因为那画上压根儿连影子也找不着。

毕加索对达达主义既想拉拢又要攻击他的两难心态觉得好笑，他一方面与达达主义的一些很不错的画家、诗人保持友好的联系，另一方面则毫不苟同他们的观点。

他不留余地地说："达达主义就是反艺术。"

没过多久，达达主义者察觉到，他们想要用来摧毁一切心智产物的武器原来还是心智本身,这件事确实使他们惊慌失措。为此,他们争吵,互相把对方当作异端来驱逐,并且感情激动地诅咒自己的前辈同道,于是这个活动就在内在的矛盾下寿终正寝。

这时,另有一批青年人,他们不能容忍"达达主义"的观点,他们揭竿而起了。这就是以法国诗人、评论家安德烈·布鲁东为首的"超现实主义"流派。

他们将当时最富有才华、最富有激情的诗人和画家,统统组织在自己的队伍里。他们推崇弗洛伊德的潜意识学说。

为此,布鲁东还亲自奔赴维也纳,采访了弗洛伊德。为了鼓舞更多的追随者去探索梦的世界,他们创办了《超现实主义革命》杂志,并郑重地发表了自己的宣言。

超现实主义者认为在资本主义社会中,人们由于良知受到压抑,在生活中常以伪装的姿态出现,相互欺诈。而唯有在潜意识活动中或在梦境里,才能听任本能的驱使,表现出真实的自我。他们的这种理论正源自于弗洛伊德的学说。

弗洛伊德是奥地利著名的精神分析专家。19世纪末便开始研究动物和人类的神经活动机能及其病态表现。他认为,做梦表面看来是荒诞无稽的,实际上是有规律可循的。人在做梦时的精神活动与日常生活中的心理活动有着密切的联系。

他把人的正常心理、梦境的心理和精神病人的病态心理,反复地进行了比较和研究之后,总结出了一条能够独特地揭示人类心理奥秘的著名学说——潜意识心理理论。

对此,毕加索有自己的独立见解。他说:"不管我们做什么,也不管我们愿意与否,潜意识必然要表现出来。"

这一点,与弗洛伊德是一致的。

他接着说:"这个时期,人们都在搞什么潜意识作画,把梦幻和一刹那的潜意识行为记录下来,这未免有点可笑,因为完全的潜意识是绝对做不到的,即使在机器自动化过程中,也要有一段时间要由人去做安排。所以,就是超现实主义画家,有的也得修改作品。"

这与弗洛伊德的学说略有不同,显示了他的唯物辩证的思想。他将自己的艺术创作行为总结为:

> 我在作画时,我的思维活动常常就是连续不断的非推理活动,是从一座山峰向另一座山峰的一系列跳跃。你可以把它叫作梦幻行为。但这并不是说,这种梦幻行为是不能控制的,只是说明它不同于纯粹的无意识行为,就如同它不同于纯推理行为一样。

所以,尽管布鲁东很推崇敬重毕加索,而毕加索仍然与他们保持着一定的距离。

《超现实主义革命》杂志创刊后,布鲁东首先就找到毕加索,希望能提供他的最新作品。但毕加索不愿与流派和团体发生纠葛,几次婉拒了布鲁东。

布鲁东当然不会善罢甘休,他在画商雅克·杜凯的寓所看见了他收藏的《亚威农的少女》,大为震惊。

他对毕加索说:"我一定要把它发出来,否则我就不是布鲁东!"

毕加索深受感动,他同意了。在《亚威农的少女》刊出的同时,布鲁东配发了一篇论述毕加索的长文。文中他说,现实并不只是肉眼看到的东西，因而画家必须描绘自己内心的模特儿。毕加索的作品超越了自我的界限，表现了无限广阔和无限深沉的幻想世界的内幕，把人的形象推进到一个更崇高的水平上。

他的结论是："我们现在拥有的地位，当初迟迟无法取得甚或丧失，其关键仅在于未能断然肯定这个人。"

布鲁东的长文使人们都把毕加索当作超现实主义的主要代表人物，毕加索并不首肯这一点，但他还是与超现实主义者们有着密切的联系。他特别珍惜和那些诗人们在一起的机会，布鲁东、保罗·埃鲁阿德、阿拉贡，他们思维活跃，感觉敏锐，才华横溢，不仅在绘画上给予毕加索相通之灵犀，而且还诱发了毕加索久藏于心的诗兴。

别人说他是画家，他无所谓；但如果有人说他是诗人，他那高兴劲几天还消化不了呢。

毕加索在1924年以及随后一年里的重大成就，是一些大幅、充满着色彩的静物，它们称得上是立体派的作品，而且它们也保留了许多传统题材，如吉他、酒瓶、乐谱，不过合成性与直线条都减少了。

这些装饰性极高的图画全都是曲线构成的，与毕加索在12年前的同类作品相去甚远。此一时期的作品不太神秘，比较容易被人接受，但它们的意境不见得较低。

毕加索画了许多小保罗的像，这一年里最特殊的是一幅大油画，画面上的保罗穿戴得像一个小丑；另一方面，从这时候开始，一向是个重要象征的小丑角色，从毕加索的作品中消失了。

那孩子规规矩矩地侧坐在一张有垫子的椅子上，两只眼睛有些焦急地向着画面外凝视着。这些图画中小男孩儿的清纯线条以及眼神和气质，都流露出一个父亲的无限温柔。

毕加索虽然已经同芭蕾舞剧告别，却并不表示已对它失去了兴趣。他和奥尔佳时常去看芭蕾舞剧表演。奥尔佳很喜欢与舞者为伴，不只是因为她能了解他们说的事情，更是为了她可以向以前的同人炫耀她现在拥有的昂贵衣服和漂亮寓所。

毕加索目前在经济上很过得去，他买了一辆汽车，这在当时是一个很了不起的身份象征。由于毕加索不会驾驶，所以又雇了一个司机，这是很引人注目的。

奥尔佳生活得很好，不论原来的出身是什么，她尽可能表现出很高贵的样子。每天带保罗出来散步的保姆必须要走在她身后三步的距离，此一奇景使她的邻居们都叹为观止。

毕加索这一年的工作在接近圣诞节时的一幅大静物画达到顶点，这画的名称叫作《一片瓜的静物画》。画面上是一张桌子、一把吉他、一些乐谱、一片瓜放在一大张鲜艳的红布上，左方则摆着一幅胸像，上面的容貌简简单单地描出来——有一个立体派的鼻子和眼睛。这幅作品是如此充满生气，使得"静物画"这个名称都显得有些不恰当了。

毕加索这段安静的日子突告终止，彼克特的死讯传来了。早在1910年那一次与费尔南多在塞瑞特的不愉快探访之后，彼克特和毕加索就没再见过面，不过他们在此之前是极亲密的朋友。

毕加索时常和朋友吵嘴，有时吵得非常激烈，但他又不想分离，自己也没办法把他们忘掉。他们的友谊不会因吵嘴而终止，这种喜爱会持续许多年，而且友谊常常会恢复过来，有时稍减一些，有时甚至比以前更深厚。

毕加索苦闷地坐在画室里，孤独地沉思冥想。恍恍惚惚之中，他的画室里仿佛出现了芭蕾舞演员妖魔般怪异的舞姿，这舞姿恰如其分地宣泄了一种强烈的痛苦和极度的悲愤。他抓起笔，迅捷地记下了这个流动的瞬间。以后，就变化成了《三个舞者》这幅著名的作品。

画布中心的舞女高举着双臂，昂首挺胸，表演芭蕾舞中典型的动作。画幅右边那个男子，像是毕加索的鬼魂，正去拉扯左边的舞女。这个舞女正向后仰面旋转着，她的表情奇特而复杂，像是在哀号，又像是在倾诉。

站在这幅画前面，不由得使人感到一股悲苦压抑的情感。布鲁东看到这幅画时，说了一句被世人传颂的名言："美必须是震动心弦的，否则就不称其为美！"

这幅画是进入超现实主义创作时代的毕加索的代表作之一。它既是立体主义的，又是超现实的。舞者的形象生动、活泼，富有节奏，并包含了极其丰富的含蓄内容。它已经同第一次世界大战前的立体主义人物画有所不同。最大的不同是给人以动感，给人以深刻的暗示。

在创作《三个舞者》的时候，毕加索的心情很苦闷。第一次世界大战虽然已结束了7年，但社会生活却并没有真正地改善过。毕加索到处看到饥饿的眼睛和憔悴的面容。

《格尔尼卡》的创作

从某种意义上来说,毕加索手中的画笔,像一把锋利的手术刀,它解剖着人类,解剖着自然物,同时也无情地解剖着他自己。

毕加索以《画家与模特》为主题的绘画,堪称是这种"自我解剖"的力作。这个主题时断时续地绵延于他一生的创作之中,是他个人生活的写照。

在他年轻的时候,他曾以极快的速度作出自画像。获得了早期声誉之后,他就不再创作普通形态的自画像了。他更喜欢用《画家与模特》来表现生活、表现自我。

事实上,在创作实践中,画家与模特往往有着难以割舍的联系。他们既是合作者,又是朋友,或许还有更为亲密的关系。在创作这个主题时,毕加索总是能够非常准确地把握自己,非常客观地剖析自己。

毕加索以《画家与模特》为主题,创作了许多作品。从这些作品中,不难看出毕加索被称为"千面人"的性格。他用熟练的线条，勾勒出种种不同的面貌：或疑惑，或昏迷，或讽刺，或诙谐，或像希腊神，或像妖魔，或像牧羊神……

毕加索随着这些影像的发展，尽情地运笔，痛快地发挥，彻底地变形。他快活地畅游在艺术的天地之中。其实，这些影像不仅仅是他个人所有，它们也是人类共有的千面万相。

在这一时期，毕加索还创作了以斗牛士和米诺陶为题材的作品。在画幅中，画家内心的自我世界更是暴露无遗。

1929年开始的世界经济危机，使落后的西班牙经济陷入瘫痪，许多大银行停止了支付，工业、农业和财政都陷入解体。大批工人失去了工作。全国不同阶层的国民都普遍地滋长了不满情绪。工人罢工此起彼伏，人民迫切要求建立共和政体。在人民的斗争狂澜下，西班牙国王逃亡国外，斗争获得了初步的胜利。

1931年4月，西班牙建立了第二共和国。但是，正当西班牙人民的斗争取得胜利的时候，西班牙法西斯势力以德国的法西斯势力为靠山，于1933年抢夺了人民政权，并开始了独裁统治。

从20世纪20年代末开始，到30年代初，毕加索一直关心着自己的祖国西班牙的命运和前途。1933年8月，正当西班牙国内发生激烈斗争的时候，毕加索回到巴塞罗那，当时那里是西班牙工人运动的中心。

毕加索被人民群众火热的斗争所感动。他怀着对法西斯势力的仇恨，开始创作《人身牛头怪物》。这是一幅铜版画，其创作灵感来自西班牙的斗牛场。

毕加索和许多西班牙人一样，对斗牛深感兴趣，而且他还通过斗牛的场面，联想到整个西班牙人民的命运。画中的那个人身牛头怪物是黑暗势力的象征。

在人们的心目中，斗牛场上的公牛，往往代表着妖魔鬼怪等邪恶势力，斗牛士则是英雄的象征。在斗牛士的攻击下，公牛难逃灭亡的命运。这就预示了法西斯势力终将在西班牙被消灭。在创作过程中，毕加索把自己的体验融入这幅画中。这实际上为铜版画《佛朗哥的梦幻与谎言》做了准备。

1936年年初，毕加索出席了由布鲁东和艾吕雅主持的超现实主义聚会。会议在圣日耳曼德普列附近的罗马教堂对面的德·马戈特酒吧举行，艾吕雅带着一个黑头发黑眼睛叫朵拉·玛尔的年轻姑娘来到聚会上，她原名叫亨利特·泰奥多尔·马科维奇，是《亚威农的少女》问世的那一年出生的。

她是布鲁东的密友和诗人乔治·巴泰的情妇。她既能绘画，又会摄影，曾随着父亲去过南美，是在阿根廷长大的，还能讲一口流利的西班牙语。

朵拉·玛尔戴着黑手套坐在桌边，手套上绣了一朵粉红色的小花。一会儿，她摘下手套，从桌上拿起一把长长的餐刀，在纤纤玉指间舞动着，楚楚动人地把玩着。

这一幕没有逃过毕加索的眼睛，他被朵拉·玛尔的优雅风度迷倒了，他毅然地走上前，请求她把那副手套送给他作纪念，玛尔微笑着点头答应。后来，这副手套一直存放在格兰·奥古斯丁大街寓所的玻璃柜里。

朵拉·玛尔是毕加索所遇见过的女人中最聪明的一个，她是一位南斯拉夫建筑师和法国女人结婚所生的女儿，当时全家正定居于巴黎，1936年时她是一个职业摄影师。

从任何标准，尤其是毕加索自己的标准来看，朵拉·玛尔都是一个出奇好看的女人，黑头发，淡蓝绿的眼睛，椭圆的脸蛋，上颧骨相当高，有着高贵、出众的仪态和一双极美丽的手。她的美丽由于她所拥有的智慧而更加光芒四射。

朵拉·玛尔当时与双亲住在家里，她和毕加索并不常见面。盛夏来临的7月，正当巴黎人全都拥向南方避暑的时候，从西班牙传来惊人的消息——内战爆发了。

住在巴黎的西班牙人反应非常激烈，一夕之间，连那些在巴黎住得久到连思考都用法文的人们，也再度成了情绪激昂的西班牙人，而他们之中几乎没有人认为有任何妥协的余地。

毕加索的朋友中从天主教保皇党到无神无政府主义者都有，每一个人都认为自己的立场正确，事情黑白分明，很少有人持着无所谓的态度。

虽然毕加索一度好像表现得与政治无所牵连，但是当事情重大得必须把他自己的祖国列入考虑时，他的决定是响亮、坚定、绝不暧昧的。他宣布拥护共和政府。

1937年对于毕加索来说一切似乎都很好，奥尔佳已经成为过去，他跟朵拉·玛尔在一起又极快乐。朵拉·玛尔并没有跟他住在一起，但是她帮他找了一间很大的画室，让他在巴黎也能工作，而她后来也从家里搬出来，住到沙佛街的一间寓所去，这屋子就在那间画室附近。在朵拉·玛尔以及西班牙战争的刺激之下，毕加索又恢复了他正常的作画产量。

但是西班牙方面的战局发展很不好，虽然对马德里的直接攻击已被街道上和大学里惨烈的肉搏战所击退，但各强国的不干预政策越来越像是一场丑恶的闹剧。

法国和英国可能是出于糊里糊涂的好意，但却在文字的迷阵里搅得晕头转向，而在同时，希特勒和墨索里尼竟不断地把兵力投入到法西斯主义的一边。

到了现在这个地步，佛朗哥的军队中已经混入了大约1万名的德国士兵和4倍多的意大利军人。这些都是经过严格训练的正规军人，而且在德国军队里更有不少空军指挥官及飞行员，急着要在活靶上增进自己的技巧，并试验他们的新武器及新战术，以便为即将来临的更大战争做准备。

毕加索以一个隐藏在心中的怪物形象塑造了佛朗哥的丑恶形象，揭露这个妄自尊大的武装叛乱者给西班牙造成的暴力和灾难。为了体现这个独裁者残暴、伪善的性格，毕加索创造了一个戴着头巾的古怪而讨厌的形象，象征着这个人企图伪装成基督教的英雄、西班牙传统的救星。

这个形象拿着一面画有圣母玛利亚的旗子，却用一把利斧猛砍一尊古典胸像崇高的侧面。他在铁丝网的保护下跪着，面前有一个装着西班牙银币的匣子。他骑在一头猪的背上，拿枪刺太阳。

他神气十足地骑在马上，马的内脏拖到地上，后来被他亲手杀死了。有的母亲带着孩子从浓烟滚滚的房子里逃出来，失望地哭泣。《佛朗哥的幻想与谎言》把战争祸首佛朗哥的邪恶、丑陋的灵魂刻画得淋漓尽致。

毕加索情绪激动的同时写了一首诗——《佛朗哥的幻想与谎言》，这是一首超现实主义的诗，并且加上蚀刻的插图。这整套的东西显现出一种隐藏的紊乱、无理和战争无意义的残酷，以及毕加索不止对战争，还有对右派价值的极端排斥与憎恶。

当时，毕加索的出生地马拉加正经历着有史以来最恐怖的一场梦魇。在战争的初期，马拉加及其附近的地带是佛朗哥地盘内的一块共和政体属地，与其他共和国土地之间只靠临海的公路相交通。

1937年的1月中旬，攻击开始了，到了2月初，法西斯主义者，包括9个营的意大利军队以及武装的车辆和坦克，开进了这饱受炮击、轰炸的残破城市。最野蛮的攻占立即展开，死亡一直延伸到阿美利亚公路上，因为装甲部队和飞机在那儿赶上了无以数计的难民潮。

西班牙的内战此起彼伏，人民被杀害，家园被炸毁，妻离子散，家破人亡者不计其数。不仅如此，德国和意大利的法西斯分子还同佛朗哥勾结在一起，共同镇压西班牙人民的反抗斗争。

消息传到巴黎的同时，毕加索正在画一幅最冷静的"骨骼"新作，一个女人坐在海滩上，正从她的脚上拔出一根海胆的刺。愤怒一直隐藏在毕加索心中，并在消息传来之后不断地高涨着，可是一时却找不到宣泄的路径。等到过了数周，另一个大悲剧发生之际，这种情绪才全部爆发出来。

4月里，毕加索搬到了格朗奥古斯丁街去，那里的画室十分大，毕加索想要多少空间都有。就是在这里，1937年的5月，他画了他最重要的作品之一，这可能是他一生中最伟大的一幅画。

因为在这一段时期里，佛朗哥与德意法西斯分子相互勾结，制造了一起骇人听闻的"格尔尼卡大轰炸"。

这是发生在1937年4月26日的一桩惨案。位于西班牙南部的如巴斯克地区，有一个名叫格尔尼卡的小镇，这是一个古老旧小的商镇。那一天，人们像往常一样地生活着，没有一个人能够预料到即将来临的灾难。16时30分，空中突然响起了飞机巨大的轰鸣声，紧接着，一枚枚炸弹像一个个张牙舞爪的恶魔，向人们扑过来。

瞬间,烈火熊熊,浓烟滚滚,毫无设防的和平小镇成了一片火海,一个惨不忍睹的屠宰场。妇女、婴儿血肉模糊地扑倒在地,老人、孩子背负着烈焰,举步维艰地企图爬出这块死亡之地。这场景与轰鸣声、爆炸声、哭喊声、呻吟声交织成极为惨烈的一幕。

据事后统计,这一天,共有43架德国法西斯的飞机对格尔尼卡镇进行了长达3个小时的狂轰滥炸。镇上的居民有1654人惨遭杀害,889人被炸伤,有幸生存者寥寥无几,小镇的70%变成一片废墟。

这件事震惊了整个世界,这是一次对人民残酷而有计划的毁灭,是野蛮行为的极致,而且是黑暗对光明的胜利。

独立的通讯员和摄影记者都在现场,虽然法西斯主义者宣称是格尔尼卡的居民自己用炸药把城市炸毁的,却没有人动摇过对真正发生的事情的认定。消息很快传出,确实而可信,并在4月28日传到了巴黎。

惨案发生后,全世界爱好和平的人们纷纷站起来,严厉声讨、抗议法西斯主义的残暴罪行。

毕加索的几个朋友,手执载有这条噩耗的报纸,来到毕加索的画室。他们一边哭诉,一边诅咒。毕加索知道后,异常的愤慨,新仇旧恨一起冲击着他。他立即决定以这个惨案为题材进行创作。

5月1日,他画了5张草图,3张上面各有一个单独的形体,另外两张则是他当时所思所想的组合。从那时开始到6月中旬,他发狂地工作着,并腾出一些时间来写一篇仔细考虑过的声明,

这篇文章的开头是这样写的:

> 西班牙的内战是反动势力对抗人民、对抗自由的斗争。身为艺术家,我的一生只不过是一场抗拒反动势力、抗拒艺术的死亡争战。
>
> 我如何能想象,即使只是片刻,我会同意反动势力和邪恶?……在我现在正在从事,而且将被命名为《格尔尼卡》的这幅画里,我明白地表现出我对那些把西班牙陷入磨难与死亡之海的军事独裁的憎恶。

毕加索很快就勾勒出了几十幅素描。紧接着,他又画了60余幅草图。其中,《马的习作》就是他的素描画得比较生动的一幅。图中的马在濒死前,前肢抖动着,企图重新站立起来,表现了它的强大生命力。这匹马象征着不可屈服的人民——他们是对抗法西斯的主力军。

接下来,他夜以继日地花费了几个月的时间,终于完成了这幅举世闻名的长7米多、高4米的大型油画《格尔尼卡》。

在画面中央的上方,一个电灯泡从像一只眼睛的阴影中向外发着光芒,它的下方站着一只瘦高的马,它尖叫着,一只长矛的残柄穿过它的背部,尖端从侧面穿出。马蹄下有一个男人的尸体,像塑像一样地碎成片,有着清晰的裂痕,一只手臂伸向画面的左端,另一只手紧抓着一把破碎的剑,这把剑碰到了一朵正在生长的小花。

战士虽然倒下了,但他仍然紧紧地握着那柄剑,表现了人民的复仇决心和决战到底的精神。人民是不可战胜的,即使法西斯势力暂时得逞，也终究要由人民来决定历史的命运。

画面还表现了受到法西斯狂轰滥炸的人民奋起抗争、战斗的情景，也表现了人民所遭受的苦难。

在马的右上方，一个女人的头惊恐地由一扇窗内伸出，她的长手臂提着一盏油灯，几乎碰触到那马的头部，照亮了一个边缘很清楚的区域，包括了那匹马的胸部，还有另一个女人的上半身——她半裸着，痛苦地向中央移动，拽在身后的腿伸展到了画面的右边下缘

在那匹马左边的黑暗之中，一只巨大野牛的头部、肩膀，还有一只腿，危险地出现在这光亮地带，同时在牛下方的左边一个蹲踞的女人哀号着，两手之间夹拖着一个垂死的婴儿。

她仰望着天空，以愤怒的目光注视着罪恶的法西斯飞机。她代表着全世界的人民控诉法西斯的罪行。就在左边哭号着的母亲旁边站着一只毫无表情的牛。

在这里，毕加索用牛来影射当时的政府——它对人民的痛苦漠不关心、无动于衷。整幅画就像沉默的宣言，宣告了法西斯的罪行，判决了他们的死刑，也表现了人民的坚强意志，形象地揭示出人民必胜的历史规律。

整个画面没有渲染复杂的色彩，只用了黑、白、灰3个冷色调。线条也很单纯朴素，使它成为毕加索诸多作品中最容易被人们理解的一幅作品。但它又不是"格尔尼卡惨案"的写实记录。

这一个个形象、一组组画面就是一个个象征符号，它们不但高度概括地表明了对暴行的抗议，而且使我们联想到古往今来、人类互相残杀的战争所产生的疯狂、仇恨和绝望。这幅大作成为毕加索历年创作中的精品。

《格尔尼卡》问世后，很快得到世人的公认和赞许。

一幅伟大作品的诞生，往往凝聚着画家的全部心血，这是不言而喻的。为了更好地表达出自己的思想和自己的情感，在创作《格尔尼卡》的日日夜夜里，毕加索始终与他的作品生活在一起。他一边绘制，一边修改。为了完成一个满意的造型，他从具象到半抽象，再到抽象，反复试验，反复刻画，几度易稿，作画态度十分严谨认真。

那时，他已成大名，但仍不肯有丝毫的松懈。画完成后，所有的草稿就可以辑成一本专门的画集了。从这本画集中，可以透视到一位伟大的艺术家创作心态的历程和他为此付出的艰辛。

那时，毕加索已经是一位年近60岁的人了，节气又正值酷暑，他常常是光着脊梁，身穿一条短裤，挥汗作画。由于画幅很大，他常常需要爬到梯子的顶端挥笔勾勒，但他并不以此为苦。

他深知自己肩负的历史使命，他说："西班牙发生的战争是反人民、反自由的战争。我作为艺术家的全部生活，无非是为反对反动派和反对使艺术走向死亡而开展的一场永不停歇的战争。"他是以一种大义凛然的姿态，临阵作战的。

巴黎《文献》杂志出了一期《向毕加索致敬》的特刊，他的情敌乔治·巴泰竟然撰写一篇文章登在特刊上。

诗人艾吕雅写了一首《格尔尼卡的胜利》的诗歌，与毕加索的画作遥相呼应。

在1938年第六期的《伦敦公报》上，诗人赫伯特·里德撰文《毕加索的格尔尼卡》中指出：

> 他的象征是平凡的，和荷马、但丁、塞万提斯的象

征一样。因为只有最普通的事物在倾注了最强烈的感情时，一件超越所有流派的伟大艺术作品才会诞生，同时也诞生了不朽的人物。

在接受《法兰西文学报》的采访时，毕加索作了铿锵有力的发言，他大声告诉人们，怎样才能做一个真正的艺术家：

> 你以为艺术家是什么，一个这样的低能儿——如果他是画家，那就只有一双眼睛；如果是音乐家，那就只有一对耳朵；如果他是一个诗人，那就只有一具心琴；如果是一个拳击手，那就只有一身肌肉吗？恰恰相反，艺术家同时也是一个政治人物，他会经常关心悲欢离合的社会，并从各方面作出反应。
>
> 他怎么能不关心别人，怎么能以一种冷漠的态度逃避现实，而使自己同那么丰富的社会生活隔绝呢？不，绘画并不是为了装饰住宅而创作的，它是抵抗和打击敌人的有力武器！

《格尔尼卡》在挪威、英国、美国各地巡回展出，前来参观者络绎不绝、人头攒动，人群中混杂着极个别的法西斯分子，他们企图寻找机会，毁坏《格尔尼卡》。他们的别有用心是徒劳的，人们用生命保护着《格尔尼卡》。

一幅画，虽然不能把和平的钥匙交给人们，但它能赋予人们追求和平、幸福的信心和力量。在去伦敦展览前，因为张伯伦前往慕尼黑访问，使政局变得十分紧张。

罗兰特·潘罗斯电报请示毕加索怎么办？毕加索本来对展览看得很淡，听到这种情况后，他果断地回答："继续筹备。"

展览如期举行，在各地巡回，普遍受到热烈欢迎。

潘罗斯感慨地说："几乎没有人不感到它的力量所在。"

当《格尔尼卡》在伦敦新伯灵顿画廊展览时，佛朗哥的党徒们抢先一步，订走了较大的一个展厅，展出西班牙学院派艺术代表祖洛阿加的一幅大油画。这幅画构图僵化、平板，运用旗帜、枪炮、军服等乱七八糟的形式来鼓吹佛朗哥的军事独裁。

与之相通的另一个展厅里是战争悲剧的如实反映，一边是门可罗雀、渺无人迹，一边是人头攒动、门庭若市，两个展厅形成非常鲜明的对比。

接着，画展转到美国。《纽约时报》在展览期间刊登了毕加索写给美国艺术家代表大会的一篇声明：

> 我始终相信，现在仍然确信，以高尚的精神从事创作和生活的艺术家，面临这场人类文明的最高成就遭到危险的斗争，不能也绝不会熟视无睹、漠然处之。

20世纪40年代，经毕加索首肯，《格尔尼卡》暂时收藏于纽约现代艺术博物馆。但他同时表示，重获民主自由的西班牙，才是这幅画永远的家。

支持反法西斯斗争

20世纪30年代初到40年代，是世界局势动荡不安的时期。

毕加索比以往更坚强地生活和工作。他在这一时期的作品更明显地表现出时代的精神面貌，反映了人民的要求。同时，他和以往一样，始终不让自己的创作停留在一个水平上，他的创作方法也同样不拘泥于某一种形式和框框之中。

就其作品的内容和形式而言，可以分为插图版画、立体主义人物像、造型艺术和历史画四大类。他的插图画往往采取多种形式，来寄托他对人民的期望和同情。

毕加索的立体人物像比前期更加生动、复杂、富有幻想和感情。这些画从不同角度表现了毕加索本人的生活节拍。

当毕加索在1937年夏末到南方旅行时，并没有把《格尔尼卡》抛在脑后。这个主题留了下来，放在了他脑海中，而在此后数个月中，他画了或刻了许多的补遗，每一件都直接跟主画有关或具有相同的精神。

在创作《格尔尼卡》的间隙，毕加索又绘制了《哭泣的女郎》、《哀求者》及其他一些小型画作。它们是同巨作《格尔尼卡》站在同一延长线上的作品。

事实上，当年他在画《亚威农的少女》之后也做过同样的事情。在1907年时他所考虑的仅仅是美学上的问题，但30年后的今天，却是整个的社会体制，在其中绘画或任何其他精神活动有无意义都成了疑问。

西班牙战争显然是一个更可怕战乱的前奏，就像米契尔·莱利士所说的："两个黑白的长方形里……毕加索送来了我们的哀悼信——我们所爱的一切都即将死亡。"

在那段时期里，不论是画坛大师还是年轻的艺术家，不论是超现实主义者还是立体主义者，都面临着人类生存最黑暗的年代。面对人类的劫难，毕加索绘制了几幅悲痛万分、眼泪滚滚的女郎变形扭曲的面孔。

对此，他解释说："我并不是虐待狂，也不乐意这么做。她只不过是一种在我的视觉之下，被逼迫出来的产物，是一种有深度而且严苛的事实，绝对不是表面的、轻浮的东西。"

1937年的秋天以后，紧张和焦虑就开始充满了毕加索的作品。西班牙整个北部都失陷了，虽然马德里尚未失守，但是全国的三分之二，包括巴斯克的工业城市和阿斯杜力安的煤矿，都落入了佛朗哥的手中。

1938年9月的时候，德国和捷克斯洛伐克之间的争执忽然升级为一个可怕的危机，经过西方政客几天的激烈讨论却没有结果的折中之后，所有的人都知道一场大战是在所难免并且迫在眉睫了。

为此，整个欧洲都武装了起来，法国开始动员大量的军队，男人都从海滩上消失了,绵延无尽的军队开始各就各位。毕加索十分心慌,当消息变得更坏时他收拾了一切东西,连夜赶回了特伦布雷的幽居。

1938年末,西班牙内战的漫长苦痛已接近尾声。在荒凉的马斯特拉斯哥野外的惨烈战事之后,共和国军队丧失了7万人,开始节节败退。通往加泰罗尼亚的公路已经完全敞开,在1938年的圣诞节时,佛朗哥军队的反扑开始了。

共和国军队寡不敌众,弹尽援绝,几乎完全没有装甲车与飞机,以越来越快的速度被赶往北方,撤退变成了溃逃。1939年1月26日,巴塞罗那失陷了。

普拉多的珍藏一卡车一卡车地运入巴黎境内,数天之后,佛朗哥的军队就抵达了边界,把50万难民和败兵驱入中立区,这些人就被拘留在那里的露天难民营中。

就是在这一年,第二次世界大战爆发了。

民忧国乱,几乎整个地球上的生灵都处在灭顶之灾的威胁之中。生存空间变得混乱不堪,心灵深处悲哀至极。就在这一年,毕加索的母亲猝然去世,他的祖国也完全陷入法西斯的魔爪之中。当他还没来得及从噩梦中醒来时,他在巴黎的住宅就挤满了从家乡逃来的难民。

故乡人泪流满面地向他倾诉了家园被焚毁的惨状,他们恳请毕加索与他们一起声讨法西斯。毕加索认为自己责无旁贷,于是他一边搞创作,一边义卖自己的作品,并发起了集资活动,捐款给处在水深火热之中的家乡人。

从战争一开始,毕加索就一直用他的绘画、他的公开声明、他的钱来支持共和政府。1939年早期的一份政府刊物说他一共捐出了 30 万法郎，另外有一位官员说是 40 万法郎。

毕加索是一个十分节俭的人，这样一笔钱至少相当于他两年的生活费用。但这些还只是捐给公家机构的数目。

1938 年的 12 月中，还设立两个儿童供食中心，一个在巴塞罗那，另一个在马德里，开办的费用是 20 万法郎。虽然在过去 20 年来他颇有人气，虽然他的画只要他舍得卖，销路都很好，但他的收入比起当前的支出却是微不足道的。另外，他还得负担奥尔佳的优厚赡养费，并且养活他的子女和一些下人。他发现钱不多了，因而被迫卖掉一些自己想保留的画作。

当难民拥入法国之后也有很多人来向他求助，从来就没有一个空手而返的。1939 年 2 月，一群卡达浪作家从他们的拘留营逃出来，到了波庇南。他们在那儿找到一家肯让他们赊几天账的餐馆，然后一群人便睡在车站的候车室里。

几天过后，餐馆老板开始催账，但是他们身上仅有的共和国的钱已成了废纸，再没有任何其他的钱，他们真不知道该怎么办。其中没有人认识毕加索，但有一位曾经写过一篇关于他的文章，因此餐馆老板向毕加索发了一封求助的电报，但大家并没有抱什么希望，因为彼此根本就不相识，而且也没有身份的证明。

第二天，援助电报送来了，足够付清账单，并为所有 6 个人买了鞋子和衣服，并把他们全送到托洛斯，而且还能剩下一些钱。

类似的事还有许许多多，不胜枚举。

战争中坚持创作

1939年7月初,毕加索和朵拉·玛尔出发到安迪伯去,沙巴泰在几星期后也前去与他们会合。一切安顿下来,本来毕加索可以马上开始工作了,但在这个月结束以前的一天清晨,毕加索匆匆跑去敲沙巴泰的房门,因为温拉德突然死了。

毕加索虽然对有关死亡的事又恨又怕,但还是连夜赶回巴黎,参加了他朋友的葬礼。在波提街逗留数天之后,他又和萨巴提斯一起赶往安迪伯。

回到安迪伯之后,毕加索还是没有办法马上开始工作,他先是和萨巴提斯游览了当地,接着就是他的两个外甥找到了他,他们是他妹妹洛拉的儿子,在加泰罗尼亚沦陷的时候逃到法国,并且躲过了拘留。他们带给他很多的快乐、家庭的温暖,还有巴塞罗那的消息。他们家在整个月的轰炸中并没有被毁,而他们的父母都安好。

在安迪伯,毕加索常常到四处看看,他的心一直同周围的人民的心紧紧联系在一起。有一天下午,他散步来到安迪伯的港湾，看到渔民正在收拾渔网，准备夜晚出海打鱼。

渔民们似乎受到某种无形的重压一样，个个毫无表情地低头劳动。其中，有的人正在准备乙炔灯，准备出海时用它来引诱鱼群。渔妇和姑娘们则围拢成一圈修补着已经破烂不堪的渔网。看到这种情景，毕加索不由得心潮澎湃起来。他对渔民寄以深切的同情，又为他们的困苦生活而担忧。

毕加索想到了祖国的人民，想起了故乡马拉加的一切。他坐在海边，发呆地注视着正在海上作业的渔民。夜深了，月亮高挂在天空中，渔民们点亮了乙炔灯。灯的倒影在碧波荡漾的海面上闪闪发光，给人一种梦幻般的感觉。

毕加索回到家后，激动的心情久久不能平静下来。他拿起画笔，回忆渔民们夜晚捕鱼的情景，全身心地画了起来，于是《渔人》产生了。

画面中，后面部分是漆黑的城镇，有两个站在码头上的女孩，每人牵一辆单车，手上一支冰淇淋甜筒，还有月亮与那照耀着渔人和游鱼的乙炔灯火。

不过文字上的描述跟毕加索所用的语言当然是两回事，如正舔着冰淇淋的那个女孩，舌头就是蓝色的，而且像针一样尖，月亮也带着绿色斑点、橘色螺旋纹，在方形的光晕中闪耀着。

正如毕加索所说，这是一幅"来自生活的画"。画中渔民、船、扶着自行车的姑娘、高挂在夜空中的月亮等，都是当时当地的人物和景物。在画中，毕加索成功地把月亮、星星、乙炔灯的不同光亮协调起来，而且使之生动地在画中表现出来，他用黄、蓝、绿和紫色表达渔民的感情，表现了当时的劳动场面。

1939年9月1日，德国法西斯以闪电战进攻波兰，战争的狂飙席卷欧洲。不久，德国纳粹占领了法国。战火中敌人的坦克、大炮、军用卡车，肆意横行在巴黎的大街上，成千上万的居民在苦难和悲哀中企盼着生存与和平。

由于毕加索的画作和言行，他成了德国纳粹最痛恨、最害怕的艺术家。他的名字被列在盖世太保的黑名单上，他的一言一行都受到了秘密警察的监视。他的作品被视为"禁画"，不许出售、不许展览。

但是，毕加索并没有因此而屈服，他更加积极地参加反法西斯的斗争。他的画室成了反法西斯战士的聚集地，他常常与朋友在一起抨击现实、嘲讽纳粹。

他半开玩笑地对朋友说："人们一定会在我动手画一条美妙的线条时，就发动战争，跟我捣乱。"

战争的风云已将他团团围住，生活越加不安定，绘画材料极为短缺。但是，毕加索的线条并没有消失。这时，他仿佛又回到了青年时代在"洗衣船大楼"时的那种举步维艰的境地。

没有画架，他就蹲在地板上作画；没有画布，他就用木板或硬纸板代替；没有调色板，他干脆从座椅上拆下一块替用。

8月15日，他画了一张迷人的、色彩鲜艳的《罗扬酒馆》，有着阳光下亮丽的遮阳棚，前方是海洋和灯塔，愉悦和蓝色填满整个画面。

毕加索的怒火在画面上燃烧，他的仇恨在画面上变形。一个个望而生畏的骷髅、畸形发狂的脸谱、穷凶极恶的抢劫场面，在他的笔下显现出来。

阴险的德国纳粹碍于毕加索的声望，出于拉拢艺术家的政策，邀请他去德国观光，并要优惠供应他额外的食品和煤炭。但是，这些都被毕加索一口回绝了。

他告诉侵略者："一个西班牙人是绝对不会感到冷的。"

这时，美国和墨西哥的朋友都恳请毕加索到他们的国家去避难，毕加索都婉言谢绝了。他没有离开法国，没有离开这个曾经使他获得成功的地方。

1940年6月14日，德国军队攻陷了法国首都巴黎。不久，毕加索回到被德军占领的巴黎，他目睹了德军的法西斯行径。

德国鬼子强行霸占了毕加索在巴黎的一处住宅，对毕加索来说，最使他忧心如焚的是房中存放的那些绘画和雕塑，那可是他的心血结晶啊！

不得已，他和家人想了一个办法，就是趁德国兵外出军事训练的时候，悄悄溜进房间，每次取回一部分东西。屋里一团糟，大件家具搬到了院子里，当作士兵的临时餐桌箱柜，床单、衣服则"变形"为抹布，立体主义的鼻祖看了都哭笑不得。

毕加索顾不得那么多了，赶快和玛尔一起营救作品。还好，那些画在柜子里原封未动。他们每逢德国人去演习，就跑到屋子里搬出一批画。

为此，毕加索对沙巴泰感慨地说：

> 战争有两个情人，一个很漂亮，叫作死亡；另一个很丑，就是贫困。她们都是有名的荡妇。那个漂亮的可能还看不上我们，但我们被丑的死死拖住了。

不久，巴黎的严冬来临了。毕加索的画室空空荡荡，寒气逼人。这里没有燃料，缺乏食品。他的朋友们，有的被关进了集中营,有的因参加抵抗运动被折磨而死,有的至今杳无音信。他孤苦寂寞地坐在画室里,他的眼前幻象丛生,一会儿是战地的炮火,一会儿是亲友的死容。

虽然德国人奉命要"行为正当",且他们之中许多人有一阵子表现得相当文明,但是礼貌却掩饰不了他们的贪婪。从占领一开始,燃料、食物以及值钱的东西就源源不绝地往北流入德意志。冬天里,一个新成立的抵抗组织开始活动,因而使德国人的态度更加蛮横起来。

德国侵略者以为征服了法国军队,也就征服了法国的精神,这种狂妄的荒诞行径令毕加索感到十分气愤,他用自己战斗的武器——画笔,创作出大量具有反法西斯精神的不朽作品。

一天,毕加索的目光落到一个破旧的自行车把手和坐垫上,他想起这是自己在路上拾来的。他拿起了这两样东西,来到桌前,一边摆弄着一边思索着。不一会儿,他用这两样东西组合成了一个公牛头。

那个坐垫被当成牛头,车把放在它的后面,形成了一对高高翘起的牛犄角。一个多么简单而形象的结构!毕加索的苦闷一扫而光。他注视着自己的这个新作,不由兴奋地说道:"谁看了这个作品都会说:'嘿!真是一个公牛头。'如果骑自行车的人看了,又会说:'嗨,这不过是个自行车座嘛!'不同的人,根据不同的想法和需要,可以把这两样东西反复变成他们各自想象的物体。如果真是这样,这两种变形就算是完备了。"

在这一段死亡与残暴的统治时期,公牛头几乎成了毕加索最常使用的绘画语言。他接连创作出若干幅以牛的头盖骨为题材的杰作,来表现战争给社会带来的不安与反常,这些作品都具有奇异和恐怖的气氛。

例如，《梳头发的女人》、《牛的头盖骨》以及《死人的头》等，都表现了社会的不安和法西斯的冷酷，也表达了人民的无比顽强的气魄。

其中，《梳头发的女人》画的是一个结构坚实的侵略者的巨大形象。画面上的那位蹲在地板上的裸体女人，是个面貌像狮子的怪物。它的两只怪异的脚伸在身前，腰部、臀部和胸部构成一个四角形结构，像是围绕着胸骨上的一点而旋转的"卐"字。一个残酷无情的头部耸立在上，一边是人的嘴唇，另一边是野兽的鼻子。

《牛的头盖骨》中是一个白骨嶙峋的牛头盖骨，摆放在一个铺着紫色盖布的台子上，背景是黑色的窗棂。还有一幅画的是摆放在桌子上的头盖骨与一朵小白花。这两幅作品的画面都很简单，但是棱角分明的线条和阴暗低沉的色调，却显示出一种异样的紧张感，使人感到恐怖的战栗和莫名的冲击。这是毕加索对暴力绝不屈服的表现。

1941年1月14日，一个又长又冷的夜晚，毕加索无心作画，他找出一个旧练习簿，想学科克蒂的样子，写一部诗剧。他认真地拟了标题《被尾巴愚弄的欲望》。主角是"大脚"，诗人，他的朋友"洋葱"，也是他的情敌，他们共同追求女主角"果馅饼"。女主角的两个朋友是"胖忧虑"和"瘦忧虑"。其他角色还有"圆片"、"汪汪"、"静寂"等。他们围绕着爱情、寒冷和饥饿展开活动，剧中充斥着黑色幽默和颓废情绪，如主题歌就是一句单调的合唱词："我的冻疮，我的冻疮，我的冻疮⋯⋯"全剧自始至终使用诗的形式，许多句子简直就是诗人的手笔。如：

> 她含糊的态度像融化的奶油。
> 她的手指像玫瑰，有松节油的气味。
> 我用她美貌的火柴点燃罪恶的蜡烛。
> 她的痛苦像闪亮的大理石那样洁白而坚硬。

这个剧本花了4天时间才完成，在朋友们中间广为流传。迈克尔·累利斯冒着被监禁的危险，在自己的住宅里组织了一次规模很大的朗诵会。

卡牧斯担任剧务主任，累利斯朗诵"大脚"的台词，参加朗诵的还有他的妻子路易斯·累利斯、保罗·萨特、西蒙·波伏娃、乔治·胡格涅、约翰·奥比尔、詹尼·奥比尔、雷蒙·圭诺以及朵拉·玛尔。

剧本的演出非常成功，每个人都进入了角色，他们对在纳粹统治下能享受的这一点点自由非常珍惜。保罗·萨特在他的日记中写道：

> 既然纳粹的毒液渗入了我们的心灵，那每一种正义的思想都是一个胜利。
> 既然全能的警察逼迫我们缄默，那每一句话都是一篇宝贵的宣言；既然我们陷入了绝境，那这一些手势便有了誓言的重量。

1944年，毕加索的剧本《被尾巴愚弄的欲望》才第一次发表在《巴黎消息》的第二期上，还配有4幅插图。

1945年，巴黎加利马德出版社发行了它的单行本，共66页，另有毕加索的手稿摹印本，作为他分送友人的礼品。

在此之前，曾在罗兰特·潘罗斯的努力下，该剧趁毕加索的一次画展之际，在英国隆重上演。毕加索真正过了一回"剧作家"的瘾。

毕加索的另一种武器依然是诗歌。在战争的洗礼中，毕加索的诗歌变得更加纯粹、更加锐利、更加能折射出心灵的光辉。

他的诗歌，从技巧上已完全脱离绘画的影响，不再是颜料的堆砌，而且在绘画中所有的激情和理性无声无息地融入诗歌中。他是一位真正的诗人，他满怀激情地写下了这样的诗句：

> 我尽力把钟敲响，
> 敲得钟都流血了，
> 惊起的鸽子，绕着鸽棚不停地飞，
> 直到累死才算罢休；
> 我将把所有的门窗都用泥土封死，
> 我将用头发把所有的鸟儿都捉住；
> 我要把所有的花朵摘下，
> 我要把小羊羔抱在怀里；
> 用我的乳汁喂它，
> 我将用悲喜交集的泪水给它洗澡；
> 我将用孤独者的歌声伴它入眠……

1941年至1942年之间，毕加索重新拾起了雕刻，这与其说是因为内在的需求，还不如说是因为那冬天的酷寒。在他那间大画室里,毕加索的那双手因为太僵硬而无法拿起画笔。浴室是唯一能获得一点温暖的地方,在这窄小但起码有点温度的空间里,他坚强地工作着。

1941年年末日本偷袭珍珠港,美国的宣战似乎对扭转欧洲战局燃起了新希望。然而1942年开始时情况却依然很糟,德国军队深入了苏联腹地,而日本在东南亚地区势如破竹。

1942年整年内,毕加索的大部分画作显示着一种严肃、喑哑的色调,而且主题常围绕着食物在打转——用一条大鱼做成的帽子,上面有刀子和叉子、鸡蛋、水果以及一只鸽子的静物画。

一个明显的例外是一幅吉他和斗牛士佩剑的静物,这是在4月画的,画的用色,尤其是剑柄上的鲜红色非常明亮,但是那强烈的蓝色、绿色和紫色把愉快的感觉都吸光了。虽然用了朱红和黄色,这幅画也并不快乐。

那一年的夏天,德国人和法国警方开始了他们在巴黎的大扫荡,在1942年的7月和8月间搜捕了成千上万的人。整火车的反抗分子、共产党员、犹太人、嫌疑犯被运往各大集中营,其中有不少是被人诬告的受害者。枪杀人质的行动很早就开始了,但仅是8月和9月两个月间在巴黎郊外就杀了200多人。

这是一段人心惶惶的时期,只要一个匿名电话或者一封黑信就可以在深夜里把秘密警察引到家门前。而这也是德国人最常光临毕加索住处的时候,他们来盘问他的犹太朋友是不是待在这儿,事实上他们明明晓得不是,但他们还是会搜查整个房屋。

他们对付毕加索可说是"行为正当",因为毕加索一向很小心地把所有文件准备齐全,以免被他们抓着把柄。也许因为无知或顾忌他的盛名,秘密警察并未像对许多别的人那样对他勒索、压榨。

也就是在这个阴郁的夏季,毕加索开始为他的一座铸像起草,这件作品就是《抱着小山羊的男人》,他最初考虑过几种不同的形式,像木刻、石版或是绘画。

然而当他进一步沉浸在这主题里,且草图的数量越来越多,一共有上百张时,他看出这件作品必须无障碍地立在空间中,它必须得是一尊雕像。

毕加索对自己雕刻的《抱着小山羊的男人》很满意。他认为,这是他在大战期间的杰作之一。这个作品寄托了毕加索对祖国人民的怀念。男人和山羊虽然都流露出痛苦的表情,但又显示出了顽强和坚韧的精神。

在第二次世界大战期间,毕加索虽然没有直接描绘战争的作品,但他以肖像画、素描、雕刻等,表达了时代的气氛,使人感到毕加索始终没有脱离社会和斗争。

从第二次世界大战爆发到结束,毕加索的画展一直陆陆续续地在世界各地举行,这是毕加索参与反法西斯斗争的重要手段。因此,他成了希特勒最痛恨、最害怕的现代艺术大师,他的作品被禁止公开展出。

毕加索面对法西斯的威胁,并不畏惧。在反法西斯斗争中,毕加索始终和全世界人民站在一起,从来没有低过头。

加入法国共产党

　　1943年年中,整个世界开始改变。德国人被赶出了北非,也正在苏联进行全面撤退,盟军已经深入意大利,而墨索里尼的军队正濒临瓦解。在法国,抵抗组织惊人地成长,不断骚扰德军,送出军政情报,并且利用各种可能的方法来保存国家的精神,当然包括了秘密刊物。

　　1943年9月时,毕加索的精神活跃无比。整个城市都有一种充满希望的感觉。意大利投降了,苏联红军已经推进到了第聂伯河,盟军随时可能出现在法国,他们正投下大量的武器装备给抵抗组织,并且夜以继日地轰炸工厂、铁路、火车集结场、军事设施。

　　1943年11月的巴黎,地下抵抗组织准备随时发出致命的一击,盟军即将登陆的谣言满天飞舞。德国人虽然正从所有的前线撤退下来,但是却像一头困兽一样紧紧地攫住法国不放,准备在被制伏之前做出最大的迫害。流徙和处决的人数增加了,列车不断向北边拥挤的集中营开去。

1944年2月24日，麦克斯·杰克卜被逮捕，被送到了德伦西的一个往更大集中营途中去的第一站。消息一传到巴黎，科克蒂就马上拟了一份陈情书，而所有其他的朋友也都动用他们的一切影响力来使他获释。

然而，在寒冷、潮湿、污秽的小室中，67岁的麦克斯·杰克卜染上了肺炎，于3月5日去世了。遗体在犹太仪式中下葬，他的朋友中有足够勇气或热心的都去参加了葬礼，毕加索就是其中之一。

1944年6月，盟军在法国的诺曼底登陆了。地下抵抗组织立刻攻击了德军的交通线，占领了一些据点，而向北撤退的德国人一路上更是毫不留情地烧杀。8月里盟军突进，集中营里面的屠杀也开始了。战事逼近巴黎的时候，无论从哪方面来看，德国人一定会摧残这个城市，并在被赶走之前清除大部分的人口。

巴黎突然陷入慌乱紧张的局面之中，空袭警报常常吓得行人仓皇逃散，冷枪不断，人人自危。大家都躲在屋里，耐心地等待着，因为这是解放的前兆，也是黎明前的黑暗。

在德军坦克抵达郊区之前，整个城市都揭竿而起，一夜之间防御工事全都筑了起来，成千上万的男女都参加了战斗，警察、铁路员工、秘书、公务员、抵抗组织的全部成员都出动了，于是一场大战开始了。

一批批隐藏的武器全都拿了出来，远比德国人所预期得要多。而德国人只有乘着坦克才能移动，而即使是坦克也常常在街上被焚毁。

8月24日清晨，毕加索听见外面枪炮声大作，还有坦克开动的声音，"轰隆轰隆"非常刺耳。

他警觉地打开窗户，探出头去想看个究竟，只听"嗖"的一声，一颗子弹从他身边几厘米远的地方飞过，嵌进了墙里。他急忙跑下楼问是怎么回事。人们告诉他：德国兵在撤退！巴黎解放了！

听到这个盼望多时的好消息，毕加索返身回房，取出他的宝贝——一只旧的法国军号。原来他每天都要吹几声军号，这是他的一大爱好。但在德军占领期间，他一吹就会惹来麻烦，不能吹了。现在趁着高兴，他一鼓作气连续吹了几十声。

1944年，巴黎终于解放了。毕加索画室的外面，响起了街民载歌载舞、游行集会的欢呼声。毕加索的朋友们已陆陆续续地回来了，他们都来看望毕加索，相互交流着久别重逢的喜悦和各自战斗的经历。那时，曾有传言说毕加索下落不明甚至说他已不在人世了，致使朋友们忧心忡忡。

而此时此刻，朋友们高兴地看到，经历战争风险的毕加索，不但还好好地活着，而且精力和锐气也不减当年，甚至连那副模样和怪脾气也未曾有丝毫改变。朋友们都异口同声地夸赞他在战时所表现出的高风亮节和大义凛然。

在整个占领期间，曾有许多抵抗组织的人员在毕加索的画室集会，因而这个地方连同它那不妥协的主人，就成为抵抗力量光明、自由的象征。

鉴于毕加索的《格尔尼卡》、《哭泣的女郎》及《牛的头盖骨》等一系列光辉的作品，基于他的作品中所蕴含的那种神奇的魔力和关于他战时言行的传闻，毕加索再一次成为众人瞩目的中心人物。

一时间，毕加索的画室居然成了"旅游观光热点"。一开始，来宾多为年轻的画家、作家和知识分子。后来，就是纯旅游者了。

据说，凡来巴黎观光的游客，有两个必去之处，一是雄伟的埃菲尔铁塔，二是神秘的毕加索画室。那一阵子，他的住所每天都聚集着几十位新来的客人，有的时候甚至是"集团军"。

这对于刚刚走出战争的毕加索来说，是始料未及的。连他自己也并不明白，怎么忽然间冒出来这么多的崇拜者和敬仰者。

拜访毕加索的美国人中不乏知名人士，美国著名作家海明威即是其中一名。他是《老人与海》、《丧钟为谁敲响》的作者，诺贝尔文学奖获得者。

在1937年，海明威参加欧洲的一个艺术代表大会时，就同毕加索会见过，那是在地中海的岸边，两人谈得相当投机，共同倾诉对生命的理解。巴黎刚刚解放，海明威就急切地来拜访毕加索。不巧的是，毕加索看泰勒母女去了。

毕加索所在寓所的看门的女人很贪心，以前毕加索不在家时，客人留下礼物，毕加索总是给她分一些。海明威这次来访，这个女人看海明威像条"大鱼"，当海明威说给毕加索留个字条时，她马上说："先生，您不打算留下礼物吗？"

海明威看出了这个女人的小心眼。他不声不响地从车上搬来一箱手榴弹放在门房里，还贴上字条："海明威送给毕加索。"

这一箱手榴弹，对于两个在战争中以自己不同的方式来对付战争的英勇无畏的战士来讲，可以说是意味深长的。

由于毕加索反法西斯斗争的坚决态度，他获得了前所未有的声誉，他已经成为不畏强暴、抵抗压迫的代名词。他的名声超过了那些血染疆场的勇士们。在有些画家和诗人为戴高乐将军敬献相册时，毕加索应邀在相册的第一页上作画。

毕加索为正义战胜邪恶而高兴。但他身上仍然肩负着责任，因为法国的解放毕竟还没有促进他的祖国的解放事业，西班牙仍然处在佛朗哥的法西斯统治之下。所以，毕加索决心要为彻底打败法西斯势力继续战斗下去。

毕加索看到，和自己共同度过患难年代的人们和在抵抗运动中显出无比勇敢的人们，大多数是法国共产党员。毕加索十分钦佩共产党员对革命事业的果敢、忠诚。

1944年10月5日，毕加索经两位著名作家的介绍，加入了法国共产党。从此，毕加索成了一名共产主义战士。这使世人又一次惊诧不已。

在一般人眼里，毕加索是一个一门心思搞艺术、从不过问政治的人，有人则认为他是一个无政府主义者，一个颓废的艺术家。其实不然。我们这位艺术大师好似那片汪洋大海，风平浪静时，凡人是难以窥见海底深处的动静的。

法国的共产主义，在观念上跟莫斯科的大相径庭，而且许多成员都没读过多少关于马克思或列宁的书，只是出于解放祖国以及憎恨资本主义的不平而加入的，因此从某种意义上来说，他们就好像毕加索的兄弟一样，尤其是在战后初期那段意气风发的日子。

不过即使是在那时候，他们之中也没几个人能和毕加索讨论绘画，尤其没人了解他的作品是怎么一回事。共产党对艺术的观点，对社会写实主义以及用直接宣传来教育大量群众的主张，当然与毕加索的想法是不同的。

消息公布后，还是引起了一些人的不理解，甚至招致了攻击和诬蔑。一些画商和收藏家不再收购毕加索的作品，他的画价也一度下跌。

　　1945年，夏日来临时，欧洲的战事已经结束了。集中营释放了生还者，这些回到法国的人大多只剩下一把骨头，而且大都患有结核病。毕加索从他们那儿听到的事情，还有他看到的一些照片，使他感受颇深。

　　这几个月中他全部时间都花在一幅类似《格尔尼卡》的画作《停尸间》上。这部画作采用了单一的灰色，虽然尺寸不到《格尔尼卡》的1/4，却仍是一幅大作，由于它是灰色的，因而画面显得更大。

　　画面中，左边的上方是一张白色的桌子，放着一块起皱的布、一个壶、一只汤锅，可能还有一片面包；下面由左下角延伸到右上的对角线上，躺着一堆散乱的尸体：一个男人、一个女人，还有一个婴儿，全部乱七八糟地叠起来。这幅画并不合大众口味。

　　它的立体派的规格，它的扭曲，它的似雕像的平面都是完完全全的毕加索。然而它却是一个直接而非象征的叙述，一个沉默、巨大的谴责。

　　这一年夏末，毕加索丢下尚未完成的画作，带朵拉·玛尔到南方去。这一次的假期可能有些焦虑的成分，虽然他一直待到秋天，这段时间内的作品却看不到地中海太阳的全部热力。后来，他在瓦库鲁斯的梅纳比小镇买下一幢房屋送给朵拉·玛尔。

　　在巴黎解放后不久，秋季画展开幕了。由于毕加索的作品在战争期间一直被德国法西斯分子列为"禁画"，因此毕加索已经多年没有参加画展了。这是毕加索自第二次世界大战爆发以来的第一次画展，轰动了整个巴黎。展览馆里每天都挤满了人，一些仰慕毕加索的青年学生自愿为展览会服务。

在这次展览会上，展出了《公鸡》、《晨曲》、《椅子与水仙》、《一束花与女人》、《静物与公牛头》、《小孩子与洋娃娃》、《猫》等多幅作品。由于展览会是在毕加索公开加入法国共产党后不久举行的，所以，有一些人出于政治目的，扰乱和攻击这次展览会及毕加索展出的作品。

毕加索为了维护自己的尊严，为了澄清事实，说明真相，发表了《我为什么加入共产党》的声明，申明他毫无犹疑地加入共产党，是因为在那以前他一直是同共产党站在一起的，而且要永远站在一起。

他在文章里面说得明明白白：

> 加入共产党是我全部生活和全部工作的必然结果。因为我从来不把绘画看作是单纯的娱乐或逃避现实的艺术。我可以这样自豪地宣布，我将用线条和色彩深入到对世界和人类的认识中，以便这种认识能使我们每个人都自由地生活。
>
> 线条和色彩就是我的武器，我正试图用我的方式去表现我认为最正确、最美好的一切。……这几年来，可怕的压迫也向我表明，我必须不仅用艺术，而且要用我全部的生命去奋斗。所以，我加入共产党，没有一丝一毫的犹豫，根本原因是我一开始便与他结下了不解之缘。

他向世人说明：

　　我很想再找到一个故乡，我总是一个流浪异乡的人，现在我再也不是了。

　　在西班牙能够最后欢迎我回去之前，法国共产党对我伸开双臂，我在这个党里找到了所有我最敬重的，最伟大的科学家，最伟大的诗人，还有所有我在8月那几天看见的武装的巴黎人美丽的面容，我又一次处在自己的兄弟们中间。

这些话，表明了毕加索的行动来自他内心的一种深切愿望，他想要和周围的朋友们订立友谊的盟约。对于毕加索，他的艺术经常把他陷入孤立；他的天才所达到的高峰上的大气是稀薄的，只有少数人才能呼吸得到，别人如果想要理解，就必须花费时间来逐渐熟悉他的创作的重要意义。

相反，他在党内能建立起一种新的同志情谊，使他自己和朋友们以及这些工作和战斗在街头的人们拥有同一种理想。用他自己的话说，他找到了归宿。

从那以后，毕加索一面从事艺术活动，一面参与政治斗争。

为和平运动努力

　　1947年里,毕加索很少在巴黎出现,只在年末的时候待了短短一阵子。毕加索开始在瓦洛利居住,并开始从事制陶艺术。

　　早在古罗马时代,瓦洛利就出产闻名于世的陶制品,大量的陶制品从高尔富·胡安港口运往地中海沿岸,销售到各个国家。"瓦洛利"这个名字的意思是"黄金",其实这里并不产黄金,这只是用来形容这里的富有。

　　瓦洛利由于工业革命和战争的影响,渐渐失去了昔日的繁华,现在,这里的人都无所事事、百无聊赖地混日子。

　　40岁左右的拉米埃夫妇,夫人曾是图案设计师,他们在里昂的丝织厂工作过。里昂在战后物价飞涨、商品奇缺,他们就到瓦洛利办了个陶器厂。

　　夫妇二人欢迎毕加索的到来,非常高兴让画家在自己的工厂里做实验。毕加索详细地考察了制陶的整个过程,他发现这些产品在设计上有着很多欠缺。

　　毕加索曾感慨地对拉米埃夫妇说:"在中国和日本,向来把陶瓷当作艺术，他们生产的陶器不在数量而在于质量，甚至每一种形状的陶器只有一个。这里的陶土质量很好，关键是处理得不够科学。"

拉米埃夫妇盛情邀请毕加索留在这里进行改造，还要为他提供一切人力、物力的支持。

毕加索高兴地点头答应，立即着手设计，他以双耳细颈瓶作为蓝本，然后再加以变形。拉米埃夫人对毕加索警告说："这样的实验品不合格，放在火里一烧就失败。"

毕加索可不听这一套。拉米埃夫人亲眼看见陶工工长刚扔掉的花瓶坯子，毕加索捡起来在瓶颈上扭捏了几下子，那件废品便奇迹般地变成了一只栩栩如生的鸽子。他一边哼着自己作词曲的歌，一边干活："要做一只鸽子，就得先捏出它的脖子……"

拉米埃夫人被毕加索的动作给迷住了。他双手的动作越来越快，经常是转眼之间，一个花瓶泥胎就变成了活灵活现、亭亭玉立的美少女。

以后，陶瓷成百地从毕加索手中产生出来：鸽子和猫头鹰，类似古希腊人的形体，绘有他的安迪伯牧神的碟子，另外一些碟子上则是地中海的鱼、野牛、斗牛，还有太阳。各种各样的动物和容器的组合，几乎每一件都有实际的用途。

他粗短的双手一向能很快地精通各种工具，而现在这双手就成了工具本身，他已经完全掌握了这种艺术，而他的一些新奇、怪异的技巧也成功得出奇。

有时候他几乎可以达到完全令人满意的绘画。雕塑和拼贴三者融合的地步以及色彩和三度空间的合成，而且其中每一项都具有独立运用的水准。虽然一般来说，他自己所期望的标准并没有那么高，然而他的成就却已到达这种境地。

毕加索爱好神秘，这一点在分析立体主义时期达到了顶点，不过有一种愿望制约了这种爱好，那就是他不但要使自己的艺术以最高深的，而且也以最粗浅的含义影响生活。

壶、罐、果盘和菜盆，从前是他的静物画的题材，现在却要由他将这些东西作为居家常有的物件制造出来。毕加索以惊人的速度，学会了判断自己用动土、釉子和火可能做出些什么。他经常听取有经验的手艺人的意见，然后按照自己的方法进行工作。

然而，随着时间的流逝，陶器的实用方面的价值渐渐被毕加索对于这种艺术手段的爱好所淹没。所以，在他那充溢着浮华气派的陶器作品中，他很少或根本没有注意它们的家庭实用价值。

在瓦洛利，每天清晨，毕加索总是穿着短裤、草鞋和背心散步。他那晒黑了的短小精悍的身体和敏捷的举止行动，几乎显示不出年老的迹象。

只有他的头发这时已渐渐稀薄而且变白，因而让他那双眼睛似乎显得比从前更黑，脸上深深的皱纹给人留下更鲜明的印象。这两点说明他已年近70岁。

但在其他方面，无论工作或锻炼，他的一举一动都表现出青春的活力。当他用土塑造模型时，只要看看他那双小小的、像女人样的但却有力的手，就会感到一种近似观看芭蕾舞的乐趣。

自从毕加索加入法国共产党以后，他就更加热情地投入到社会活动和政治运动中去。第二次世界大战虽然早已结束，但东西方之间处于敌视、对抗的状态，世界局势仍然动荡不定。毕加索同爱好和平的人民站在一起，用画笔当武器，向战争势力作斗争。

1948年8月，毕加索应邀参加在波兰首都华沙举行的世界和平大会。毕加索是西班牙人，一直保留西班牙国籍。但他从未向佛朗哥政府申请过护照。他是经法国政府批准作为"特殊居民"而在法国定居的。所以法国政府不能给他发护照。

由于毕加索的声望很高，波兰政府同意他没有护照的情况下进入波兰国土。这样一来，毕加索只能乘波兰的飞机由巴黎直飞华沙。临行时，他还随身带了一把法国的泥土。

毕加索本来不喜欢坐飞机，但为了参加这次和平大会，他同意坐飞机去华沙。由此可见毕加索对世界和平事业的关注的真诚态度。

毕加索还在机场就感受到了主人的盛情、鲜花、掌声、亲切的呼唤，"当代最伟大的艺术家"、"工人的朋友"、"我们的好兄弟"等，不绝于耳。爱伦堡亲自迎接，这位著名小说《暴风雨》的作者忘情地拥抱了自己心仪已久的巨人。

为了表彰毕加索在法国所做的贡献和他对和平大会的支持，法国政府颁发给他一枚白银奖章——"法国文艺复兴奖章"。

在会上，他见到了世界各国著名的作家和艺术家、诗人和学者，他受到了同志加兄弟般的欢迎。

会议期间，传来了智利诗人巴勃罗·聂鲁达被无理监禁的消息，毕加索向全世界发表抗议声明，给智利的专制政府施加了强大的压力。聂鲁达和毕加索一样，他们都是匡扶正义、追求和平、热爱祖国的文学艺术家，具有极大的国际号召力。

聂鲁达最要好的朋友是西班牙诗人加尔西亚·洛尔加和法埃尔·阿尔贝蒂。1936年西班牙内战爆发，聂鲁达对西班牙人民反法西斯斗争深表同情，他一气呵成创作出长诗《西班牙在我心中》加以声援。他曾担任世界和平理事会理事,荣获过斯大林和平奖金、中国宋庆龄国际和平奖金,还在1971年成为诺贝尔文学奖得主。

会议间隙,爱伦堡常常陪着毕加索到各处参观访问,两个老朋友亲密无间。一次,他们来到了查多里斯基博物馆。在这里,毕加索看到了闻名于世的名画——达·芬奇的《穿貂皮的女人》和朗勃兰特的《撒马利亚风光》。这个博物馆自第二次世界大战以来,一直关闭着。这次,为了欢迎毕加索等人的到来,特地打开了参观的大门。

毕加索在波兰待了两个星期,访问了华沙和克拉科夫。此次波兰之行,毕加索还有机会与仰慕已久的苏联作家和艺术家进行了亲切的交谈。

早在20世纪20年代,毕加索就结交了许多真诚的俄国朋友。他在俄国人组成的芭蕾舞团工作过,还娶了一位乌克兰姑娘为妻。在他眼里,俄国人很像西班牙人,和他们在一起,无须戒备、无须客套。

在他离开以前,波兰总统向他颁发了"波兰复兴纪念章",以表彰他为国际文化交流和加强波法两国人民友谊所做的贡献。回到巴黎以后,毕加索继续为和平运动而努力。

1949年3月,法国共产党为即将在巴黎召开的"世界和平大会"做准备。毕加索应邀为这次会议设计一幅宣传画。他选择自己熟悉的题材——一只白鸽,创作了一幅石板画《和平鸽》。画中,鸽子羽毛油亮生光,黑色的背景使得白色的羽毛显得更加纯洁可爱。

很快,这只《和平鸽》被印成大量的宣传品,出现在巴黎的大街小巷。不久，千万只和平鸽又飞向了全世界。此后，世界上千千万万人通过和平鸽认识了毕加索。

但是，世界总不和平，冲突时有发生。1950年，美国在朝鲜半岛发动了一场残酷的战争。毕加索闻讯后，义不容辞地拿起了画笔。他以哥雅的《一八零八年五月三日的枪决场面》和马奈的《墨西哥皇帝马克西米连的处决》为蓝本，重新进行构思创作，并精心拟定了画名，这就是日后闻名于世的《在朝鲜的屠杀》。

这幅画表现了战争的杀戮场面。画面出现了一群披盔戴甲、武装到牙齿的机器般的人，他们手持数挺机关枪，枪口对着的是一群手无寸铁、一丝未挂的妇孺。面容苍老的母亲正怀抱着吮奶的婴孩，才学会走路的幼童正踉跄地扑向面无血色的姐姐……

这幅作品非常尖锐地揭露了西方帝国主义的侵略本性，并蕴含了极其深刻的嘲讽风格。

从1949年至1953年，毕加索画了不少作品，除了少数继续保持他原有的传统主题以外，大量的作品都是以保卫和平为主题的。

1952年，瓦洛利教堂约请毕加索为其装饰壁画。毕加索接受了约请之后，便开始认真地进行构思了。在那些日子里，对战争的痛恨，对和平的渴望，时时撞击着画家敏感的胸怀，于是他构想出以《战争》与《和平》为主题的壁画。

当时，毕加索详细考察了教堂的构造，他认为重点还是中殿的屋顶。他把这个屋顶看成是一块大画布，如果能用一整幅油画把它完全遮盖起来，油画的一边表达战争的主题，另一边表达和平的主题，那就再好不过了。

瓦洛利所有的能工巧匠都愿意听从毕加索的调遣。毕加索并不需要那么多人，他叫当地最好的一名木匠为潮湿而粗糙的石板屋顶上了一层护板，这是油画的全部依托，所以质量一定要高。

还有一个问题是没有足够大的画室，市政局面向全市征房，人们都希望毕加索能看中自家提供的房屋，然而毕加索不是要好的，而是要大的，他选择了濒临倒闭的香料厂的一间仓库。住在这里的美国人巴蒂恩帮了大忙，他解决了灯光和搭脚手架的技术上的困难。

毕加索发布禁令，除了他和儿子保罗，其他人一律不准走进画室半步。他还对保罗说，万一他偶尔疏忽，或心血来潮，批准什么人来看他的画，保罗必须以铁的原则坚守最后一道防线。

毕加索每天先去陶器厂，在那里制作两三个小时，和工人们聊聊天，当感觉进入最佳状态时，他就把自己关在画室里，只有吃饭睡觉才出来。

瓦洛利人太看重毕加索为他们做的这项工作了，画室的外面总是有人在等着，他们既不交头接耳，也不踮脚窥探，只是坐着，站着，走着……一伙儿去了，一伙儿又来了；一伙儿是这些人，一伙儿又是那些人。他们也许是怕毕加索太寂寞，有一天会撒手而去，所以来陪陪他；也许是渴望了解哪怕一丁点儿关于画的进度或其他消息。

毕加索来来去去，嘴里含着烟卷，双手插入口袋，低头蹙额，无暇他顾，更为画室里的作品增添了一份神秘。

10月的一天，作品已大致完工，他向瓦洛利的人们第一次打开了画室的门。室内凌乱不堪，满满的两木板油画，因为斜放着，距离又太近，看不出名堂；门口的桌上有一个闹钟和一册日历，每张日历上都安排着当天的进度；四壁全是草图和素描，下起地板，直抵檐顶，大约有两三百幅。

毕加索后来对克劳特·洛伊说："我画完了好几册素描本，还没有找到一张像样的图案。"

他又说："我还从来不曾以这样快的速度画过这样的巨制，这里的人民激励了我。我要求自己画得又快又好，在现代绘画上，每一笔都是一项精确的工作。"

为了完成这幅大型壁画，毕加索从1952年4月底到9月中旬，共画了233张习作和素描，以求找到一个像样的成功图案。最后，他终于确定了这样的构图：这两个对比的主题在观众的头顶上方同一把代表战争的凶光闪闪的宝剑相遇，再由一轮升向天顶的多色宝石形的太阳与宝剑相对称，从而把观众包围在两个截然相反的世界中，而这两个世界实际上又是一个整体。

毕加索创作这幅大型油画时，是从《战争》着手的。战魔喷火焰，焚毁书籍，惊起讨厌的毒虫，从而构成战争酿成的不可估量的极大恐怖。从右向左移动的驳杂的行列和疯狂的吵嚷，被一个神仙模样的沉着的人物阻止住了，他面向群众，举着一个画有鸽子的盾牌。

在有了如此壮观的材料以后，创造和平形象的任务真会使一个资质较差的画家束手无策。毕加索则把自己的思想建筑在他所知道的人类社会中最愉快和最持久的事物上，建筑在他从自己的生活中所知道的爱上。他画了一个儿童，驱赶着一匹套在犁子上的飞马，来象征"和平"。

在一些舞蹈者的身影中间，有一场均衡的技艺表演，一个艺人平稳地举着一根杠杆，杠杆的一端放着一个装满燕子的金鱼缸，另一端放着一个装了鱼的笼子。毕加索以此来表达出，幸福不是容易保持的，幸福的人就像这杂技表演者一样，每天都有遭受灾难的危险。

这两组壁画，一面是极度的狂暴，一面是缓和的幽默。在这里，毕加索创造了他的哲学天地。

难怪一位诗人朋友看后便惊呼起来："你在用狂暴击溃全部的温和，用温和击溃全部的狂暴！"

画家自己则平静地解释说："如果和平在全世界获胜，那么，我画的战争将属于过去，于是，人们将只用过去时态来谈论战争。其他的一切，将用现在时态和将来时态来谈论。"

在创作这幅大型壁画的间歇，毕加索如同往常一样，又创作了一些"副产品"，他画了一些风景画和静物画，借以缓解工作时的紧张。

这两幅木版油画先后在意大利的罗马和米兰分开陈列展出，直到1953年秋天才运回瓦洛利。两幅画在教堂中殿的屋顶"终成眷属"，当它们拼在一起时，画中的接合毫厘不差。毕加索的画室里什么工具都有，唯独没有尺子，可毕加索的眼睛比尺子还要精确。

大型油画《战争与和平》无疑超越了艺术的范畴，亦即从它问世的那一刻起，它就不是作为一件单纯的艺术品而存在，它纳尽世间万象，田园的和都市的，动荡的和宁静的，人性的和兽性的，历史的和未来的。

对艺术不懈的追求

第二次世界大战后,毕加索的艺术已达到了极高的境界。他不仅仅属于西班牙、属于欧洲,而且是属于全世界的了。一些与他同时代的画家,虽然也活跃在画坛上,但毕加索远胜过他们。这时候,他已不仅仅是"人以画传",而且是"画以人传"了。他的作品的价格也直线上升。

进入20世纪50年代的毕加索,已经是一位70岁的老人了。他的画技越见精深,他的声望举世瞩目。他已经成为全世界的毕加索。但是他并没有为声名所累,被岁月俘虏。他依然步履稳健,精神矍铄,双目有神。

在创作题材上,在形态构筑上,他仍然进行着不懈的探索。同时,他也没有忘记自己肩负的历史使命,没有离开活生生的现实世界。

从第二次世界大战到1953年,毕加索的作品并非局限于和平与战争这两个主题上。他还画了不少静物画、人像、风景画、版画,也作了各种的雕塑。仅仅在1945年至1949年之间毕加索就完成了 200 多件石版画，而他的陶器画在两年之中就增加到 1000 多件。

毕加索的雕塑有 1950 年的《山羊》、《孕妇》，1951 年的《鹤》及 1953 年的《母与子》等。很多人称赞毕加索的雕刻超出了绘画，他即使不绘画，雕刻也会使他拥有很高的声誉。

毕加索的陶器画也达到了很高的水平。他在瓶子、盘子等陶器上画出了各种美丽的线条，其造型与陶器的彩画浑然融合，使绘画与雕刻之间，达到了最自然、最完美的形体合一。

在毕加索的陶器画中，他以奔放的画笔表现怪异的鸟和人体等。他大胆地打破了古来特有的传统观念，甩开茶壶、瓶等固有的自然形体及其机能的限制，不去理会它们的功用与形状对人的束缚。他以破坏原型的坚强意志对陶器挑战。

毕加索在第二次世界大战后的绘画增加了不少新的创作因素。原有的立体主义，超现实主义和新古典主义变成为更趋于写实的创作方法。他在这一时期所画的静物画能突出地表现线的动势和韵律。与此同时，还增加了不少近于抽象的成分。就在这种富有魔力的线与形的韵律中，不仅包含形的趣味，也洋溢着平静的安乐气氛。

画笔、画架伴随着他度过了一个又一个不眠之夜。一幅又一幅不同韵味的华丽而富于装饰性的作品诞生了。在这些画幅里，老画家完全放弃了模仿的意念，一切当作他自己开天辟地的创作。

他任性地享用着现代画家的自由。他以迅速无拘、粗犷奔放的线条，尽情地勾勒着自己心中的意向。最后，他终于将委拉斯开兹的现实主义改造成为毕加索的超现实主义。

他自豪地向人们宣称:"我总是在寻求事物的最高现实。……我观察事物和别人不同,一棵棕榈树可以变成一匹马,堂吉诃德也可以变成宫女。"

他以那些鲜艳的三原色和绿色,用那些强悍有力的黑色线条,表现了自己向古典挑战的坚强意志。

挑战并没有就此结束。之后,他又接二连三地以几位古典大师的杰作为范本,按照自己的意志和见解重新进行了崭新的解释,绘制出了一大批不朽的杰作。

其中就有以莫奈的《草地上的午餐》、德拉克洛瓦的《阿尔及利亚女人》、大卫的《萨宾女人》而创作出的同名连作。

在创作"变奏曲"的同时,他还画了一些人物肖像,题材多是他的亲戚朋友。

他拼命地转动着画笔,不停歇地创作着,他好像要与自己的年龄和精力展开一场你死我活的竞争。就在临近73岁生日的那两个月里,他竟然一鼓作气画了180幅作品。

他的这种创作能量简直令人瞠目结舌,连他自己也不无骄傲地说:"我常常用几天的工夫,画出上百幅画。而别的画家则可能用上百天时间画出一幅画。"或许,这正道出了天才与平凡的区别。

1953年3月,苏联的斯大林逝世了。第二天,《法兰西通讯》的主编阿拉贡打电话到瓦洛利,约请毕加索为斯大林画像,登在他主持的报纸上。《法兰西通讯》是一份周报,下一期是在两天后发表,所以时间很紧。

来电话时,毕加索刚刚走进画室,他的朋友弗朗索瓦接到了电话。她不想打扰毕加索,就回了电话,告诉阿拉贡这件事办不到。

阿拉贡说:"这是一件十万火急的事,他想怎么画都行,画总比不画好。"

毕加索有些犯难,他从来没见过斯大林,也记不清他长得模样。他只知道他常穿一件军装,胸前有一排大扣子,戴一顶军帽,留一小撮胡子,仅此而已。

毕加索翻天覆地到处搜寻,好不容易在地上找到了一张破烂的旧报纸,上面登着斯大林的照片,大约是他40岁时拍的。

依据这张照片,他开始画了起来。待画完一看,他不禁笑了起来,画得不像。于是,他又拿起相片仔细地看了看,再盯着画布琢磨了一番,作了修改和加工。最后,这幅肖像总算完成了。这是一幅毕加索画风的斯大林肖像。事不迟疑,他马上把这幅画寄给了阿拉贡。

没想到几天之后,有消息传来说,法国共产党内部围绕着这幅肖像,展开了一场激烈的争论,有人公开指责毕加索的这幅肖像画得不像斯大林,言外之意是歪曲了领袖的"光辉形象"。同时也指责阿拉贡居然把它刊登在共产党的刊物上。

对此,毕加索显得很冷静,他说:"我想,指责我,这是党的权利,但这肯定是误会。因为我画这幅画时,并不存在任何恶意。如果我的画使什么人受到震动,或者使什么人感到不快,那是另外一回事。这是个美学问题,不能用政治观点去评论它的优劣。"

接着,他又说:"我画了一幅画。我的画可能是好的,也可能不那么好,或许根本就不好,但这是我个人的事。我画这幅画的意图很简单,做一个朋友请求我做的一件事……在党内,如同在一个大家庭里一样,总会有某些傻家伙爱惹是生非,可你又不能不与他一起共事。"

外界舆论也倾向毕加索一边,他们认为法国共产党的这种做法有失大体,对艺术家的要求未免太不实事求是了。

两个星期后,法国共产党修正了原来的意见,他们公开声明毕加索的创作愿望是好的,并向毕加索表达了歉意,由这件事引起的风波和不愉快才算慢慢地平息下来。毕加索继续画自己想画的画,继续参加自己有兴趣的活动。

艺术家的电影情结

在毕加索敬佩的人物中，有一位便是美国著名的电影表演艺术家卓别林。在无声电影时代，毕加索就是一个"卓别林迷"。

对卓别林的每一部新片，毕加索往往先睹为快，有的甚至百看不厌。他特别欣赏卓别林的精湛表演，尤其喜爱卓别林塑造的那个哀婉动人、幽默风趣的流浪汉——头戴一个圆顶礼帽，脚蹬一双皮鞋，嘴边蓄着一小撮胡子，手里舞着一根细手杖，这个扮相，简直太像一幅漫画肖像了。

每当这个流浪汉出现在银幕上的时候，毕加索总是兴奋得眼睛发亮，手心发痒，恨不得自己也跑上银幕与他一起手舞足蹈。毕加索深深感到，卓别林银幕上的"流浪"，与自己笔下的"流浪汉艺人"是有着异曲同工之妙的。可以说，他与卓别林神交已久。

事实上，他一直渴望着能见到银幕下的卓别林。然而，两人相隔在大西洋两岸，又都忙于自己的事业，很难相见。

1952年10月，卓别林带着他的《城市之光》来到了巴黎。

毕加索得知后，马上热诚地邀请卓别林到自己家中做客。

两位艺术大师终于会面了，然而遗憾的是，毕加索不会讲英语，卓别林不会讲法语，译员坐在他们的中间，一字一句、有板有眼地对译着，每句话至少重复一遍，这样的交流实在令人尴尬、恼火。因为在毕加索的想象中，他和卓别林的交流本该是痛快酣畅、淋漓尽致的。

无奈之下，毕加索邀请卓别林来到了自己的画室。

在画室里，毕加索将自己的新作从墙边堆放的诸多画幅中一一抽出来，再把它们相互支撑起来，码成了一个"画墙"，请卓别林欣赏。卓别林满脸微笑地观看着。

毕加索一边忙着摆放画幅，一边注意着卓别林的表情。后来，他又从另一个房间里拿出几幅年代较远的自己的私房画，这些画都是他不忍释手的佳作。有的闪烁着他创作新思想的火花，有的则颇具纪念意义。一般情况下，他是不轻易示人的。卓别林一面仔细地鉴赏着，一面颔首微笑着。

看完画后，毕加索又向卓别林躬身示意，告诉卓别林现在该轮到你了。聪明的卓别林马上领会了毕加索的意思。他用那双机敏的眼睛向四周扫了一眼，便走进一间盥洗室，面对亮晶晶的大镜子，他表演了一个洗脸、刮脸的哑剧。

卓别林的表演层次分明，在脸上抹了过多的肥皂，又从鼻孔吹出皂沫，接着再用小拇指从耳朵眼里挖出一些皂沫。动作娴熟自如，引得站在一旁观看的毕加索禁不住"呵呵"地笑起来。哑剧演完了，卓别林幽默地做了一个鞠躬谢幕的动作。

此时，毕加索观看兴趣正浓，于是，卓别林脱下那件非常合身的西装，又为毕加索表演了在《除夕之夜》和《淘金记》里都跳过的那套绝妙的舞蹈动作。

在这里，卓别林虽然没有影像中那种特定的扮相，也没有音乐和伴奏，但举手投足之间所传达出来的意味，竟与电影中的一模一样，他把毕加索又带回到有情节的故事中去了。毕加索心领神会，少有地开怀大笑起来。

这是一次非常难得的艺术大师之间的会面，虽然他们不能够用语言来交流，但两位艺术家用自己的艺术演绎着彼此的惺惺相惜，充分体现了艺术的伟大魅力。

毕加索喜爱表演艺术，如果舞台能够为他提供一个机会，他或许又是表演艺术家了。一直以来，他的表演天赋也并没有完全泯灭，他常常在家里做一些开心的游戏般的表演，虽然观众只有他的几个家人，但仍表演得入情入境。每逢早上刮脸的时候，他便在脸上涂满了白白的肥皂沫，让人难识真面目。然后再用一根手指在皂沫中画出一张大嘴，在两只眼睛周围画上两个大问号，问号的圆点画在眼睛的下面，活像流下的两滴眼泪。画完之后，他就开始即兴表演了。他认认真真地打着手势。

他不只是觉得这样做有意思，他还觉得这其中包含着更多的东西。他好像要通过这种游戏，来表达自己那些特殊的感受。

在1955年2月底，奥尔佳在坎内的一家医院中死去。她长期以来就受着癌症以及局部瘫痪的折磨。毕加索与她从未完全失去联系——她的照片可在他的住所中看到，而他一辈子都戴着她的戒指。现在他回到南方，办理了她的丧事。

之后，毕加索来到了位于坎内郊外的一个称为卡里福尼的富有别墅区，这个房子气派而又丑陋，不过里面有广大的空间，而且充满光线，外面还有个小花园。这花园看来有点像市立公园，不过起码可以防止不速之客的侵入。

他很快就把底层改成画室，把他所有画具杂物全都搬进来，在周遭堆出了他熟悉的乱七八糟的摆设。在接下来的一次旅行归来之后，他就不再到卡达浪地区去，从此定居在卡里福尼作画。

就是在这一年，随着毕加索声望的增长，人们越来越迫切地想了解这位艺术大师的方方面面，从而让毕加索更深切地接触到了自己喜爱的电影艺术。

这时，著名的电影导演亨利·克鲁佐因势利导，决定拍一部反映毕加索全部生涯的电影，取名为《神秘的毕加索》。

毕加索并非第一次上银幕，在纪录片《格尔尼卡》中，他曾再现了自己绘制这幅巨作时的工作情况。在电影《从雷诺阿到毕加索》中，也有他创作时的身影，还有他与别人交谈时的场景。可以说，他是一位有银幕经验的演员了。但是，这一次却与以往不同。在这部新片里，他不但是主要角色，而且是主要演员。在拍摄场地，他一下子成了众人瞩目的"模特"。他的身边常常围着一圈人：导演、场记、化妆师、音响技工……

克鲁佐觉得在尼斯拍这部片子最为合适，尤其是在夏天，强力电灯的高热加上太阳本身的热力可以让任何人退缩，然而毕加索喜欢新技术，他的热心程度最起码跟克鲁佐是不相上下的。

为了拍摄好这部新片，实践自己的承诺，年逾古稀的毕加索居然改变了自己晚睡晚起的老习惯，每天一大清早便赶往拍摄场地。高大宽敞的摄影棚里，布置着各种场景，使人仿佛走进了一个完全陌生的故事里。摄影机架像个大怪物待在那里，地上还铺有专门帮它行走的短程轨道。这里的男男女女，看起来干劲十足，却又显得忙忙碌碌，像是在集贸市场里穿梭。毕加索看得有些眼花缭乱了。

导演把毕加索请到一旁，为他讲解分组镜头的内容，并安排他的动作。不一会儿，化妆师又过来，为他稍作梳理。这时，几个高度数的摄影灯把他围了起来。

人越聚越多了。但是，当毕加索面对着画架，手持画笔的时候，周围的一切马上就消逝了、隐没了。他走进了仅属于他一个人的世界，他沉浸在创作之中，他正在凝神、运思、作画。导演一声："开始！"摄影机"滋滋"地转动起来。

在聚光灯下，毕加索的侧身轮廓清晰明了，宛然一个富有重量感的雕塑。硕圆的头颅，银丝闪闪，像是罩上了一个浅浅的光环。他的目光锐利如锥，眼睛上部的暗影反衬出它的无比神力，仿佛正在穿透画布。坚毅的嘴角为这尊头像增添了一股神圣的威严。平伸的右臂正在指挥着那千军万马般的线条。

当导演因为技术上的问题，大喊"停止"时，他会毫不犹豫地停下来。如果只剩下两分钟的胶片，导演便督促他抓紧作画，他会一声不吭地应命奋笔。

有时他在像火炉一样的影片工作间里作画，有时就在露天的安提比斯近旁海滩上，坐在画架前，每隔几秒钟就站起来一次，让摄影机拍下刚才的几笔。

在导演、摄影师、技师和旁观者这一大群人之间，频频受到打断的情况下，他却从未失去他的专注。他坐在那儿，棕色的身体因满是汗水而闪闪发光，明亮的眼睛盯视着画布，他的手就在上面挥洒出完美的线条。他同其他工作人员一样，有时每天要工作十二、三个小时，画出一幅幅的斗牛、静物、裸女、拼贴与素描。

为了使观众能够清晰地看到画家作画时每一根线条的出现和运行，导演发明了一种新的技巧——让画家在一种新材料的吸墨纸上作画，摄影机在画面的背后拍摄，这样，画家的手便不会将他的作品挡住。但这就要求毕加索每画好一笔，便拍摄一笔，再听候命令画第二笔，以至无穷。对此，毕加索没有嫌麻烦，反而逐步增加了兴趣，配合得很默契。

从事电影的人们喜欢在工作完后成群结队地逛遍每一家酒吧，毕加索不能抗拒这种诱惑。他以74岁的年纪白天作画，晚上玩乐，身边围着一大批与电影有关的人员。

除了电影圈的这些人之外，还有许多闯入卡里福尼的人，他们之中有的是共产党员，有的是西班牙人，有的是画家，还有的只不过想来见见毕加索。

有些人要求友谊，有些人要求金钱，而一旦他们进入了房间，毕加索就不能允许自己赶他们出去。就这样夜以继日，他像20岁的人一样透支自己的体力，直到影片终于完成，所有的人都回到了巴黎。

几年前，在绘制大型壁画《战争与和平》时，他曾对科克蒂说过，他很钦佩马蒂斯，因为马蒂斯从未向庄严的老年屈服过，他相信自己也会如此。

他还联想到斗牛士与死亡的决斗，他对科克蒂说："斗牛士无法看到自己正在创作的艺术，他没有画家和作家修改作品的机会，也不能像音乐家那样反复聆听。"

"他只能凭感觉，只能听观众的反应。当他感觉到或了解到自己斗牛出色时,这种感觉和知觉便会牢牢地攫住他,于是世间的一切也就无关紧要了。"

拍摄电影时的毕加索,正是被这种出色的感觉牢牢地攫住了,表现出了非凡的动力和饱满的精神状态。

对中国绘画的热爱

1956年5月,中国画家张大千夫妇漫游了大半个世界,从南美辗转来到巴黎。邀请他们的,正是那位一手导演了"有史以来第一个在世的艺术大师看到自己的作品挂在罗浮宫中"的巴黎现代艺术博物馆馆长乔治·萨勒先生。

萨勒在日本东京期间参观了张大千的"敦煌作品展览",张大千在艺术领域里深远和独到的探索,不仅线条富有魅力,而且那斑斓魔幻的色彩不在野兽派大师马蒂斯之下,使他非常震惊。萨勒为中国绘画艺术深深倾倒。

萨勒是一位杰出的艺术鉴赏家,他马上萌发了一个大胆的设想,决定首次把东西方两位大师的作品同时展出,那一定会创造人类艺术史上的一段千古佳话。

5月31日至7月15日,在萨勒的安排下,张大千在巴黎举办了两个画展,一个是在东方博物馆举行的"敦煌画展";另一个是在罗浮宫的东廊展出的"张大千近作展",萨勒在西廊则同时安排"马蒂斯遗作展"。

巴黎观众的欣赏水平极高，他们惊异地看到：张大千的作品笔力遒劲，构图雄悍；而马蒂斯的作品，尤其到了晚年，大多线条简约，着重写意。这两位国籍、地域、历史、文化和民俗等背景截然不同的艺术家，虽然表现了各自独特的绘画风格，但在许多问题的处理上都有惊人的一致，就像他们经过了商讨、切磋一样。

古老的东方，伟大的中国，长久以来，一直是毕加索魂牵梦绕的所在。辉煌的唐，繁荣的宋；声如磬、明如镜的瓷器，美如画、柔如水的丝绸……他多么想亲眼看一看这个国度的风土人情，亲身感受一下东方艺术的无穷魅力啊！

毕加索热爱中国的绘画，中国的水墨画是他仰慕已久的艺术形式。有一段时间，他曾潜心研究了中国绘画大师齐白石的作品，那雅俗兼备、文野并生的画作，那"工夫深处返天然"的境界，常常令这位现代艺术大师惊赞不已。

这位70多岁的老人，开始拿起中国的毛笔，铺展开中国的宣纸，悉心地临摹着那些淡雅别致的中国水墨画。他认认真真地琢磨着，仔仔细细地描绘着。到后来，他所仿绘的中国水墨画有200余幅了。

毕加索钟爱那种以线条为主要造型手段的艺术形式，而他的立体主义作品，也正渗透着线的魅力。他渴望到中国去，渴望有机会与中国的绘画大师促膝交流。正在这时，中国画界大师张大千先生叩门造访了，毕加索自然欣然接受了张大千的拜访。

1956年7月28日11时30分，张大千夫妇及翻译来到了毕加索位于卡星福尼的别墅。毕加索在门口迎接了客人，东西方画坛两位巨人的手紧紧握到了一起。

平日，毕加索喜欢穿宽松式的衣服。由于他的大部分时间都用于绘画、工作，所以，他的穿着一向很随便、很俭朴。

这一天，为了迎接远道而来的贵宾，他特意换上了一件质地精良的条纹夹克衫。他虽已谢顶，但脑后的头发却剪得齐齐整整，白发丝丝。张大千则是一袭长袍，美髯飘胸，满脸微笑。

两位东西方艺术大师没有一句寒暄，只是互相微微一笑，之后，便都用艺术家特具的目光打量着对方的眼睛。毕加索将客人径直引到了画室，画室很乱，颇似中国农村民居的杂屋，有几件雕塑和几张小油画，画架上是一张几何图形组成的裸女像，大师的视野，成人的心事，儿童的笔调，简单与复杂，稚拙与深沉，水乳交融。

待张大千坐定后，毕加索已从里间抱出了5大册画集，请张大千欣赏。张大千打开一看，原来是毕加索用毛笔作的中国画。画面多是花鸟虫鱼，模仿的又是齐白石的笔触和风貌，张大千不禁暗自惊诧："名满天下的西方艺术大师，为什么要花费这么大的精力，来学习古老的中国画技呢？"

毕加索似乎觉察到张大千的内心所思，他真诚而坦率地说："这是我临摹的贵国齐白石先生的作品，请张先生指教。"

张大千一张张地翻阅，发现这些画都酷似白石风貌，笔力苍劲，拙趣浓郁，他在赞扬毕加索高度理解了中国绘画的同时，也真切地说出了不足之处："你有一个很大的问题，就是不会使用中国毛笔，墨色浓淡难分。中国毛笔与西方油画不同，油画主要靠颜料的铺张与调和，而中国毛笔则是蘸墨，它依靠含水量的多少来控制深浅，使墨形成了五色，焦、浓、重、淡、清。"

"通过笔法引导墨法，画面就能如兼五彩，阴阳明暗干湿远近高低上下，历历入眼。中国画，黑白一分，自现阴阳明暗；干湿皆备，就显苍翠秀润；浓淡明辨，凹凸远近，高低上下，历历皆入人眼。由此可见，要画好中国画，首先要运好笔，以笔法为主导，发挥墨法的作用，才能如兼五彩。"

此种高论，毕加索闻所未闻，佩服得连连点头。接着，张大千又向毕加索简述了中国画重写意、求神似的要旨。此时，毕加索双目圆睁，听得津津有味。

张大千说完，毕加索好像还陷在思索之中，不发一言。室内的安静让人喘不过气来。毕加索抬起了头，微笑着说道："张先生，你能写几个中国字看看吗？"

张大千没有推辞。他走到桌前，提起一支毛笔，蘸满了墨汁，一挥而就，写下了"张大千"三个字。

毕加索满怀兴趣地端详着这几个浓淡兼施、枯润互映的中国字，不禁叹道："线的魅力，真是无所不在，连中国的书法也渗透其中啊！"

他指了指张大千的字幅，又指了指自己那5本画册，深情地说道："中国画太奇妙了，齐先生水中的鱼，没用一点颜色，只用一根线条去画水纹，就使人看到了江河，甚至嗅到了水的清香，这真是了不起的奇迹。"

谈到自己喜爱的艺术形式，毕加索又激动起来："中国画有些看上去一无所有，其实却包含了一切。连中国的字，都是艺术。"

站在一旁的张大千被毕加索的情绪感动了。

突然，毕加索对着张大千近乎吼道："我最不懂的，就是你们中国人为什么跑到巴黎来学艺术！"

毕加索缓和了一下自己的口气，谦和地接着说：

　　巴黎是一座艺术堕落的城市，整个西方都是如此。不配在这个世界上谈艺术，第一是你们中国人；其次是日本，日本的艺术又源自中国；第三是非洲黑人。
　　东方的一切都吸引着我。假如把东方比作一块精美的大面包，那么西方的文明只不过是面包碎屑而已！

　　张大千的胸中心潮澎湃，他漂泊他乡多年，受尽了无数屈辱与歧视。为了事业和尊严，他上敦煌，下欧美，力图弘扬中华艺术的精髓，苦苦求索，他一步一步登上艺术的巅峰，终为一代宗师。这场东西方对话，使他的努力得到了世界的首肯，是世界绘画艺术的高峰会晤。
　　突然，毕加索的情绪一沉，不无伤感地说道："我永远也画不了中国的墨竹兰花。"
　　他目光忧伤地望着张大千，缓缓地说下去："我一直向往中国，但是，我已经老了，再也不能忍受艺术上新的强烈的震撼了。"
　　毕加索的这番话语，深深地打动了张大千的心。
　　情绪稍微平复后，毕加索又拿出了自己各个时期的得意作品给张大千夫妇观赏。张大千每发表一句评论，毕加索都迫不及待地要翻译马上翻译给他听。两位老人的目光常常长久地对视着，那一份默契，真可称得上是心心相印。
　　下午，两个人吃了饭，毕加索带着张大千夫妇参观了自己的小花园，并且一同合影留念。虽然两位大师惺惺相惜，但相聚的时间毕竟短暂。毕加索将自己手头的那幅《西班牙牧神像》作为礼物送给了张大千。他还按中国画的习惯，在画幅上端题了几个字：

赠张大千 毕加索 56. 7. 28.

张大千则特意回赠给毕加索一幅浓淡相宜的墨竹图和一套中国毛笔。他在图的右侧签署上：

毕加索老作家一笑 丙申之夏 张大千

还印上了一方红红的石印。

第二天，张大千和毕加索会晤的消息就在巴黎各大报纸的显要版面上刊登，继而成为世界艺术的焦点。

美术评论家认为："毕加索和张大千这两位分据东西画坛的巨子的历史性会晤，昭示了近代美术界东西方相互影响、调和的可能。"

实际上，这种影响与调和早已发生在毕加索、马蒂斯、张大千等大师们的作品里。艺术是没有国界的。日后，毕加索还使用张大千赠送的这套毛笔，绘制出了许多绚丽多彩的陶瓷画盘。中国的毛笔，在毕加索的艺术作品里留下了美丽的印迹。

灿烂辉煌的晚年

毕加索曾屡次被冠以"魔术师"的称号，这无疑是因为被他的手碰过的东西，在一瞬间便成了美丽的梦幻般的奇妙世界，从而使看到的人产生一种满足的感觉。

毕加索敏锐的感受力和变幻无穷的想象，给一切在普通人看来很平常的东西一种新的生命力，使人想起新的世界。正如有人所说，对于普通人是终点的地方，对毕加索则成了起点。

1957年，毕加索开始为联合国在巴黎的办公大厦作大型壁画。在创作时，毕加索借用了一个希腊传说中的人物——伊卡洛斯。伊卡洛斯用蜡造的翅膀在天空中飞翔，当飞近太阳时，那对蜡翼融化了，以致他自己坠海而死。

毕加索用这种寓言式的壁画暗示人类固有的生命力及精神力量终将战胜威胁着人类安全的邪恶势力。这张巨大的壁画是以儿童画的技巧与形式画成的，这种形式使其内容更富有讽刺意味。

毕加索越到晚年，越怀念自己的祖国西班牙。当他听到巴塞罗那市正筹建一个毕加索博物馆的时候，他的心情是很激动的。

毕加索没有忘记他在早年时在祖国所受到的教育。他立即表示全力支持巴塞罗那市毕加索博馆的筹建工作。

1963年,博物馆正式成立。在成立前夕,负责筹建工作的人多次访问毕加索,同他亲自商定馆内的陈设和展览秩序。毕加索同他们讨论得很细致,甚至讨论到哪些作品要放在馆内的哪个房间的哪个地方。

当进入20世纪70年代的时候,毕加索决定把散存在西班牙各地的家属中的全部作品送给巴塞罗那毕加索博物馆。不久,毕加索博物馆馆长亲自到法国访问毕加索,把毕加索家里的许多有纪念意义的东西都拍摄了下来。

毕加索看到这一切,心里非常高兴。他站在家中的花园里,沐浴着温暖的阳光。但是,当馆长问毕加索何时回到自己的祖国时,毕加索的脸立即沉下来。他因祖国在佛朗哥的独裁专制统治之下而感到伤心。他想,只要佛朗哥专制政权一天不倒台,他就不会回到西班牙。

在80岁生日当天晚上,毕加索在尼斯看表演直到凌晨2时,第二天去参加瓦劳瑞斯特别为他举行的庆典,然后又去斗牛场凑热闹。平常的日子里他会见大量的朋友,包括许多来与他谈巴塞罗那美术馆事宜的卡达浪人。

在这些作品中比较杰出的可以算是以大卫的《萨比尼女人的掠夺》为主题的多幅变体,他画这些作品时格外辛苦,在许多长夜里逼迫自己继续下去。

1963年上半年里,绘画使毕加索去做的事是一系列关于画家和他的模特儿的画作,其结果是四五十张油画,这些都是经过长期审慎思考的产品。

毕加索极喜欢这一系列的《画家和他的模特儿》，冬天的时候他把它们做成许多的木版画，变得比原来更简化一些。在年末以及1964年年初的这段时期，他还画了一些大幅的裸女，然后是一些农夫的头像，再后来是更多的裸女、静物、雅克琳，还有一些《画家和他的模特儿》的补遗。

到毕加索85岁寿辰时，巴黎又一次为这个艺术大师举办了空前规模的展览。他的许多最具有代表性的作品，从世界各个地方荟萃到巴黎。在这里，人们可以各取所爱地观看毕加索艺术生涯中的每一个足迹。

感伤的蓝色时期、黎明的粉红色时期、不朽的新古典主义和梦幻的超现实主义。它们清晰而明白地体现了毕加索艺术的本质就在于创新。同时，人们还可以看到毕加索作为一个现代艺术大师的才华——画家、雕塑家、陶瓷艺术家、版画艺术家等。

1971年是毕加索的90岁寿辰。为了庆祝他的90岁生日，法国政府在巴黎罗浮宫博物馆举办了毕加索作品展览。法国总统亲自为展览会剪彩，并发表了演说："毕加索是一座火山。不论他画的是女人的脸，还是小丑，始终都洋溢着青春的活力。"

为了摆放毕加索的作品，原来在罗浮宫大展览馆里占据"荣誉画坛"地位的法国18世纪的好几幅名作，都被暂时移开了。

荣誉、地位、金钱、名利、赞美、颂扬、环绕着毕加索、包围着毕加索。可是，老画家对于这一切，已经淡泊如烟云，他心里明白，在世界各地举办的这些画展，是令人高兴、令人神往的。但是，它也必然招致不解之人的诋毁和歪曲，这也是不容置疑的。

唯一使他感到欣慰的是，面对他的这些作品，任何一个观众都不可能无动于衷。或许正是这一点，才是他的所求、他的骄傲。

　　1973年的春天，阿维农教皇宫举办了毕加索近作展览。老画家偕同妻子雅克琳前往观看了这次展览。他对作品的布置和自己的绘画在那个大教堂里显现出来的气魄深感满意。他答应再画一批作品，作为第二次近作展览。

　　1972年的整个冬天和1973年的春天，毕加索一直忙着画画。尽管患了严重的流感并几次卧床，但是他的医生并不担心，因为他知道毕加索的身体素质。何况毕加索仍在坚持画画，甚至看电视时也在作草图。

　　1973年的4月8日上午，老人和往常一样睡早觉。但是，11时醒来时，他却无法从床上坐起来了。雅克琳发现情况异常，立即打电话请医生，然而，医生晚来了一步，一切都不可挽救了。

　　就在这一天，1973年4月8日，星期日，上午11时45分，这位20世纪最杰出的现代艺术大师毕加索的心脏停止了跳动。

　　1973年4月8日15时，法国电视台，紧接着世界各国电视台，宣布了毕加索逝世的消息。

　　毕加索临终前画的最后一张画是《带剑的男人》，这是他在去世前的几个星期中多次试图表达的主题。

　　另外，他曾在1972年1月30日创作了一幅巨幅自画像，头像面部用绿色蜡笔涂成，表情惊慌，眼睛睁得很大，那坚定而惊恐的目光似乎看见死神在逼近。

　　法国政府专门成立了一个由美术专家组成的小组，对毕加索的近5万件作品进行了整理、归类、存档、估价。这5万件作品包括：1885 幅油画，18095 幅版画，6112 幅平版画，7089 幅素描，1228 件雕刻，2880 件陶瓷艺术品，3181 件亚麻油毡浮雕。

另外，在 149 本笔记本、11 张挂毯和 8 张小地毯中，还发现了其他的 4659 幅素描和速写。这些记录，基本囊括了这位艺术大师 92 年艺术生涯中的创作成果。

这些作品，如果以当时的售价估算，约为 2.6 亿美元。除了法国政府抽去少量的税收外，其余的分别由毕加索的夫人、儿女、孙儿女继承。

一个世纪的骄子，一位艺术的天才，告别了伴随他终身的艺术创作。

毕加索是 20 世纪最伟大的艺术家。他的一生隐含着近 100 年来艺术发展的奥秘，也体现了当代人类艺术的基本精神。他是艺术王国中的创造力量和破坏力量的综合体，又是不朽的艺术生命的活标本。

毕加索乐于同社会上的各种恶势力和战争势力作斗争。他同情人民、关心人民的疾苦，为维护世界的和平而奋勇斗争。他的伟大不仅仅在于他的艺术贡献上，还在于他是一位精力充沛的和平战士。

附：年　谱

1881年10月25日，出生于西班牙南部的马拉加。

1889年，画了第一幅油画《马背上的斗牛士》。

1894年，作品首次参加展出。

1895年，进入父亲任教的巴塞罗那隆哈美术学校。

1897年，进入马德里的圣费南多美术学院就读，油画作品《科学与仁慈》获马德里全国美展荣誉奖，又在马拉加得到金牌奖。

1902年，创作了"蓝色自画像"。

1903年，创作《生命》，以浓郁的蓝色调表示贫老与孤独的苦难。

1904年，定居巴黎的"洗衣船大楼"，进入"玫瑰时期"的创作。

1905年，完成了《拿烟斗的男孩》，并以马戏团题材创作《卖艺人家》等。画展受到重视。

1906年，结识野兽派大师马蒂斯，为美国作家兼收藏家盖图德·斯坦因画像，《盖·斯坦因肖像》是毕加索从"玫瑰时期"跃入"立体主义"的跳板。

1907年，开始立体派风格创作，完成《亚威农的少女》。

1909年，解析立体派开始；创作《费尔南多头像》。

1912年，完成第一个拼贴作品《藤椅上的静物》。进一步发展了立体主义。

1917年，至意大利为俄罗斯芭蕾舞团作舞台设计，邂逅奥尔佳·科克洛娃。

1918年，与奥尔佳结婚，与马蒂斯举行联展。

1920年，手工彩绘珂罗版《三角帽》。

1922年，创作《在海滩上奔跑的少女》。

1929年，与雕塑家贡萨列斯一起创作雕塑和铁线结构。作以女人头像为题的攻击性系列画作，出现婚姻危机，结识达利。

1932年，创作《红色扶手椅中的女人》。

1936年，西班牙内战爆发。认识朵拉·玛尔，并创作《朵拉·玛尔的肖像》。

1937年，创作完成《格尔尼卡》。

1938年，创作《女孩与小船》

1942年，创作版画《大自然的故事》。

1944年，加入法国共产党。

1945年，开始尝试石版画创作。

1947年，在陶艺家拉米埃工作室制陶，至1948年共作了2000件陶艺术品。

1948年，为世界和平会议作"和平鸽"海报和《贡戈拉的二十首诗》。

1954年,开始创作德拉克洛瓦的"阿尔及利亚女人"变奏系列。

1956年,与克鲁佐共同拍摄电影《神秘的毕加索》公映。

1957年,在纽约现代艺术馆举办"毕加索75岁纪念展",创作版画《斗牛系列》。

1958年,毕加索为设在巴黎的联合国教科文总部大厦创作了壁画《伊卡洛斯的坠落》。

1959年,创作仿马奈《草地上的午餐》变奏系列。

1961年,与雅克琳·梦奎巴结婚,并庆祝自己80大寿。

1963年,绘制《画家和他的模特儿》。

1966年,巴黎大皇宫及小皇宫举办大型《毕加索回顾展》。创作《流沙系列》。

1968年,创作《塞莱斯蒂纳》和《可笑的男人》系列版画。

1970年,把西班牙家中保存的近2000件早期作品捐赠给巴塞罗纳毕加索美术馆。

1971年,巴黎罗浮宫博物馆举办了《毕加索诞生90周年回顾展》。

1973年4月8日,逝世于法国,享年92岁。